L'ART CHRÉTIEN

ET

L'ÉCOLE ALLEMANDE

AVEC

Une Notice sur M. Overbeck

PAR

M. BATHILD BOUNIOL

suivi du

CATALOGUE DE SCHULGEN ET SCHWAN

Éditeurs de l'OEuvre d'Overbeck,
Représentants à Paris de la Société de Dusseldorf.

—

Orné du portrait gravé de M. Overbeck.

—

PARIS

AMBROISE BRAY, Libraire, 66, rue des Saints-Pères.

SCHULGEN ET SCHWAN, Éditeurs de gravures, 25, rue St-Sulpice.

1856.

L'ART CHRÉTIEN

ET

L'ÉCOLE ALLEMANDE.

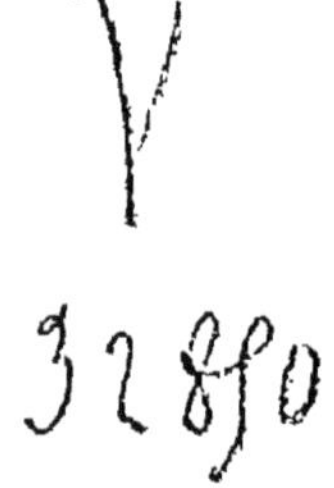

PARIS. — IMPRIMERIE DE W. REMQUET ET Cie,
Rue Garancière, 5.

J. Schnorr pinx. [illegible]udy sc.

Fr. Overbeck

[illegible] PAR SCHULGEN & SCHWAN ÉDITEURS DES ŒUVRES D'OVERBECK
25, Rue St Sulpice

[illegible]

L'ART CHRÉTIEN

ET

L'ÉCOLE ALLEMANDE,

AVEC

Une Notice sur M. Overbeck,

PAR

M. BATHILD BOUNIOL,

suivi du

CATALOGUE DE SCHULGEN ET SCHWAN,

Éditeurs de l'OEuvre d'Overbeck,
Représentants à Paris de la Société de Dusseldorf.

Orné du portrait gravé de M. Overbeck.

PARIS

AMBROISE BRAY,	SCHULGEN ET SCHWAN,
Libraire, 66, rue des Saints-Pères.	Éditeurs de gravures, 25, rue St-Sulpice.

1856.

PRÉFACE.

En 1843, un petit journal publiait, avec notre signature, une suite d'articles sur le Salon. Plus tard, en 1850, sous le titre de *Causeries d'un Amateur*, paraissaient dans la même feuille d'autres études critiques sur la peinture, réunies ensuite en brochure. Nous rappelons ces précédents pour montrer que l'art fut de tout temps l'une de nos préoccupations. Le présent travail, d'un ordre plus élevé, d'un intérêt plus général, et dans lequel se résument nos études, ce travail, fruit de l'expérience et de la méditation, peut donc mériter quelque confiance. Nous le croyons utile pour aider à détruire certaines préventions résultant de la vanité nationale ou de l'ignorance. Notre critique, d'ailleurs, si hardie qu'elle soit, saura rester courtoise dans sa franchise impartiale et nous ne dissimulerons pas la vérité même à ceux qui nous sont le plus sympathiques.

Pour ajouter à l'attrait de ce petit ouvrage, nous l'avons orné du portrait d'Overbeck, le plus populaire en France des artistes allemands : une Notice accompagne le portrait. C'est à propos de M. Overbeck et de ses œuvres qu'un père de famille, homme de sens et d'esprit, nous disait : « Je ne suis point artiste, et je ne songe point à faire des peintres de mes enfants. Néanmoins, je me plais à orner leur chambre de ces admirables gravures qui, mieux encore que les livres, gravent dans leurs cœurs, en traits ineffaçables, les saintes vérités de l'Évangile. En même temps leur goût se forme, délicat et épuré, par l'habitude de ne voir que d'excellentes choses ! »

A la suite de la Notice et de l'étude sur l'*Art chrétien et l'École allemande,* on a placé, pour les amateurs, le Catalogue détaillé des œuvres des principaux maîtres, rédigé par M. Schwau ; ce Catalogue se complète par celui de la maison Schulgen et Schwan, dépositaire à Paris de toutes les belles gravures de la Société de Dusseldorf. Les œuvres capitales des grands peintres allemands sont des tableaux d'église ou des fresques qu'il n'était pas facile de faire voyager à moins d'emballer les pans de murailles ; on s'explique donc qu'une exposition, forcément restreinte par ce motif et par d'autres, n'ait pu donner qu'une idée imparfaite de l'École allemande. Aussi, mieux que les quelques toiles du Salon, la Collection de tableaux, dessins et surtout gravures de MM. Schulgen et Schwan permet d'apprécier le grand mouvement artistique dont l'Allemagne aujourd'hui s'applaudit.

FRÉDÉRIC OVERBECK.

C'est à Lubeck, la plus petite des quatre villes libres de l'Allemagne, que naquit ce grand artiste, l'an 1790, d'une des familles les plus estimées de la ville. Son père, savant et poëte, et, ce qui vaut mieux, honnête et excellent homme, veilla avec la plus tendre sollicitude sur son éducation, pour laquelle rien ne fut négligé. Bien que la famille du jeune Overbeck fût protestante, cette éducation, aussi chrétienne qu'il se pouvait dans ces conditions, déposa dans son cœur ces germes précieux des croyances religieuses que plus tard une foi plus complète devait féconder en leur faisant produire des fruits si abondants et si magnifiques. De cette heureuse enfance, écoulée doucement à l'ombre du foyer paternel, Overbeck a gardé un vif ressouvenir, et ces premières influences auront contribué sans doute à donner à son caractère cette bienveillance qui lui a concilié tant de sympathies.

La vocation artistique de Frédéric Overbeck s'étant révélée, après les études peu suivies de l'écolier, il en commença, jeune homme, de plus sérieuses à Vienne. Malheureusement, là régnait alors, comme presque partout, et despotiquement, l'École française de David, École tour à tour trop exaltée et trop dépréciée, et qui eut ses mérites, celui-là surtout d'une énergique réaction contre la détestable manière des Vanloo et des Boucher, les dignes peintres de cette époque la plus honteuse de nos annales. Mais David, pour qui l'art fut une passion, sinon un sacerdoce, nous lui devons cette louange, dans son admiration exagérée et mal comprise de l'antique, se jeta dans une autre extrémité; et avec une supériorité réelle, il ne fit pas toujours un heureux emploi de sa science et de son talent. Dans la plupart de ses tableaux, où d'ailleurs on prise de solides qualités, il remplaça, par le pédantesque et le guindé, un autre genre de faux; il remplaça le décolleté de la peinture égrillarde par le déshabillé du personnage académique qui, pour être sérieux, n'en fut guère plus décent. Or si, dans les œuvres du maître, ces côtés fâcheux sont trop sensibles, qu'était-ce dans les applications du système faites par les disciples? On sait, du reste, à quel point la monotonie de ces *solennelles nudités*, comme on a dit quelque part, devenait insupportable sous un pinceau médiocre. On comprendra donc le peu de sympathie, ou mieux, l'antipathie profonde qu'éprouva, pour cette étrange manière d'envisager l'art, Overbeck, auquel un instinct supérieur et les pressentiments de la foi révélaient un tout autre idéal. Dans la candeur de son inexpérience, il ne sut pas dissimuler ses répugnances, et même il osa bien essayer de lutter contre le courant par quelques tentatives insensées alors, et qui lui valurent les railleries, presque les persécutions de ses professeurs et de ses camarades.

Seul contre tous, et convaincu bientôt de l'inutilité de ses efforts, découragé par les mauvais vouloirs, il quitta Vienne, et une inspiration du bon ange sans doute guida ses pàs vers Rome, comme l'étoile bénie conduisait les Mages à la crèche.

Overbeck était arrivé protestant à Rome; mais, en contemplant les œuvres si chrétiennes des Fiésole et des Pérugin, il sentit comme Saul les écailles tomber de ses yeux, et l'Église bientôt se réjouissait d'une nouvelle brebis rentrée au bercail.

Overbeck, dans la ville éternelle, s'était rencontré avec plusieurs compatriotes, prompts à sympathiser avec ses idées : Cornélius, Schadow et Veit. Tous quatre ardents pour l'art, mais pauvres de ressources pécuniaires, ils se logèrent au couvent de Saint-Isidore, et gagnant quelques prosélytes, ils y formèrent ce petit cénacle que les beaux esprits d'atelier raillaient en le qualifiant de : *les Nazaréens!* Mais qu'importait aux nobles jeunes gens! Confiants dans l'avenir qui ne les a pas trompés d'ailleurs, sûrs que le travail persévérant obtient tôt ou tard sa récompense, ils supportaient gaiement les épigrammes et non moins gaiement la pauvreté. La perspective d'un déjeuner plus que frugal ou d'un dîner par trop cénobitique ne rendait pas leur front plus sombre; ils se disaient joyeusement pour se consoler que le travail y gagnerait, attendu qu'un repas copieux gêne l'inspiration, et que l'estomac trop chargé fonctionne aux dépens du cerveau. Et puis, s'ils étaient quatre à manger, ils étaient quatre à travailler, à s'entr'aider, à venir mettre chacun son écu dans la commune bourse, ainsi que l'abeille apporte son butin à la ruche. Et sur quatre associés, c'eût été trop de malheur s'il ne s'en fût pas trouvé un au moins pour combler, par quelque petit gain ou par l'envoi de la tendre mère, les vides de la caisse. D'ailleurs, la Providence, qui nourrit les petits des oiseaux, n'oubliait pas les pauvres artistes, d'autant qu'ils ne la tentaient point par de folles dépenses, en enfants prodigues qui jettent l'argent par la porte et par les fenêtres. Disciples de Fiésole, ils se pénétraient de son excellente maxime qu'il faudrait inscrire en lettres d'or dans les ateliers : *La vera richezza non è altro che contentarsi del poco.* « La vraie richesse, c'est la modération qui sait se contenter de peu. » La plus grande dépense des amis, celle qui grevait le plus fâcheusement le budget au point même d'en compromettre l'équilibre, c'était celle du modèle ; pourtant l'économie sur cet article ne pouvait être qu'aux dépens du travail. On y suppléait au risque des torticolis et des courbatures : quand la situation financière faisait du modèle un objet tout à fait de luxe, chacun des amis se dévouait à tour de rôle, et posait la draperie pour ses camarades ; ainsi les études continuaient sans interruption.

Ces mauvais jours passèrent pour Overbeck comme pour tous ; en dépit des obstacles suscités par les coteries en vogue, le talent de notre artiste, révélé par quelques œuvres, lui valut des achats et des commandes qui dès lors ne firent qu'aller en augmentant. La piété des fidèles, non moins que l'admiration des amateurs, ne laissèrent plus reposer son crayon et son pinceau. Le Catalogue donne les résultats de cette infatigable activité, mais seulement pour les tableaux et dessins gravés, et combien de dessins inédits et qui se sont enfouis tout d'abord dans les portefeuilles des amateurs! Outre les tableaux dont nous parlerons dans notre grande étude, nous tenons à citer encore : l'*Entrée de Notre-Seigneur à Jérusalem*, et *Jésus descendu de la croix*, deux tableaux placés dans l'église catholique de Lubeck; puis, les *douze Apôtres* et les *quatre Évangélistes*, peints à Rome dans la chapelle Tortonia, et gravés par Bartoccini et Jos. Keller.

En ce moment, M. Overbeck, qui vient de terminer le carton d'un grand tableau pour l'une des salles du Vatican, s'occupe à peindre un *Chemin de croix*, qui lui a été commandé par le Saint-Père, et sera probablement le modèle du genre. Sauf, au début de sa carrière, de rares compositions d'après la *Jérusalem délivrée*, M. Overbeck n'a peint ou dessiné que des sujets religieux. Quelques personnes ont semblé lui en faire un reproche; même on a murmuré le mot monotonie! « Admirable monotonie! dirons-nous avec M. Schadow, heureux qui la possède! » Pourquoi les moindres œuvres de ce maître sont-elles empreintes d'une telle onction, respirent-elles une foi si vive, une si ardente charité? C'est par la conviction dont son cœur déborde. Or, cette piété fervente qui l'inspire si heureusement, peut-elle se laisser tenter à des compositions profanes, quand la

Religion sollicite l'artiste par les sujets les plus sublimes vers lesquels d'ailleurs sa sympathie l'attire invinciblement !

Nous avons parlé du caractère bienveillant de M. Overbeck, mais c'est trop peu dire pour faire apprécier ce généreux chrétien qui met si bien en pratique les préceptes dont il se fait, avec le crayon ou le pinceau, le prédicateur éloquent. A combien de jeunes artistes n'a-t-il pas tendu une main paternelle, prodigué les conseils paternels, ouvert sa bourse avec cette exquise délicatesse qui double le prix du bienfait ! Quel étranger, venu à Rome, et qu'une noble curiosité aura conduit à l'atelier de M. Overbeck, ne se loue pas de sa cordiale affabilité !

La Providence, qui n'épargne pas les siens, pour accroître leurs mérites par la constance et les récompenser plus tard par la gloire d'une plus belle couronne, a mis à cette suprême épreuve la vertu d'Overbeck. Dans ces dernières années, d'affreux malheurs sont venus attrister sa vieillesse. Il s'est vu ravir, après son fils unique, aimable adolescent, objet de ses plus tendres affections, l'épouse de son choix, la femme pieuse qui, pendant de longues années, avait édifié sa maison, comme parfumée par l'odeur de ses vertus. Ce coup fut terrible pour le grand artiste qui restait seul, privé des sollicitudes de l'affection et même de ces soins ordinaires que son âge et la nature de ses travaux lui rendaient plus nécessaires. Morne et accablé, quoique résigné pieusement sous la main divine, il se tenait dans son atelier désert, après la dernière catastrophe, tout entier à ses douleurs, oublieux des plus impérieuses nécessités, quand la porte s'ouvre, un pas léger glisse sur le parquet, mais sans que le pauvre vieillard soit distrait de sa tristesse; une douce voix murmure à son oreille de pieuses et consolantes paroles, avec cet accent où vibre le cœur, mais il n'entend rien; enfin, une main affectueuse se pose sur sa main, et alors l'illustre infortuné relève la tête pour montrer un visage baigné de larmes :

— Merci, murmure-t-il avec des sanglots en reconnaissant la visiteuse, femme de M. Hoffmann, sculpteur distingué, l'ami respectueux d'Overbeck et un peu son élève; merci, madame, vous voyez, ils sont partis, la mère après le fils.... A présent me voilà seul; mais Dieu, sans doute, aura pitié de moi et je ne tarderai pas à les rejoindre.

— Non, cher monsieur Overbeck, non, répond la pieuse dame, non, l'heure de la récompense, quoique bien méritée déjà, n'a point sonné pour vous. La Religion et l'Art ont encore besoin de vos pinceaux. Oh! ces croix sont bien amères sans doute, mais ne dites pas pourtant que vous êtes seul, quand des amis viennent mêler leurs larmes à vos larmes. Mon mari, reconnaissant de vos conseils qui ont été pour lui ceux d'un père, veut être un fils pour vous, et, dans nos chers petits enfants, vous retrouverez celui que vous avez perdu. Voulez-vous que l'amitié vous rende la famille que vous pleurez? Oh! oui, vous le voulez! Venez, monsieur Overbeck, venez, tout est préparé à la maison pour vous recevoir.

Et l'excellente dame, sans attendre la réponse, prenant le bras du digne vieillard, dont les larmes n'étaient plus seulement des larmes de tristesse, le conduisit chez elle, pendant que son mari veillait aux intérêts du grand artiste, dont l'atelier bouleversé et aussi la maison étaient comme livrés à l'abandon. Depuis lors, il y a de cela deux années environ, au milieu de ces amis dévoués qui sont bien pour lui une vraie et tendre famille, M. Overbeck, objet des attentions les plus filiales, a senti peu à peu son cœur s'ouvrir à la consolation; il a repris enfin ses pinceaux, ses crayons, et grâce à cette douce vie qui lui est faite, à cette aimable prévoyance qui lui épargne toute autre préoccupation que celle de l'art, il a retrouvé son inspiration des meilleurs jours. Bénie soit donc l'intelligente et fidèle amitié à laquelle nous devons de nouveaux chefs-d'œuvre que suivront, il faut l'espérer, bien d'autres encore!

Un mot encore: M. Overbeck est depuis longtemps fixé à Rome, devenue pour lui une patrie. Le Saint-Père, ce vénéré Pie IX, si zélé pour les lettres et les arts, se montre admirable de bonté pour le grand artiste. Pie IX se souvient comment Léon X en agissait avec Raphael. La Papauté, en tout temps la protectrice éclairée des arts, montre de nos jours aussi qu'elle n'est pas peu jalouse de cette ancienne et glorieuse prérogative.

L'ART CHRÉTIEN

ET

L'ÉCOLE ALLEMANDE.

L'EXPOSITION universelle des Beaux-Arts a rendu cet important service qu'elle a permis d'apprécier les tendances de l'art, non plus sur un point isolé, mais dans l'Europe entière, et par l'état présent d'augurer de l'avenir. De cet examen, pour nous il ressort qu'il n'est guère que trois grandes Écoles actuellement en présence : l'École Française, dans laquelle se confond, par ses affinités en général malgré quelques divergences de détail, l'École Belge qui peut citer de beaux noms ; l'École Anglaise, pittoresque et originale, mais dans un cercle restreint ; l'École Allemande, plus noble dans ses aspirations, ayant un but tout autrement glorieux, presque exclusivement spiritualiste et promise, si elle acquiert ce qui lui manque, aux plus hautes destinées. A cette École se rattachent les quelques peintres de la presqu'île Scandinave, et en particulier le Norwégien Tidemant, instruit à Dusseldorf où il réside encore.

Nous regrettons que l'Italie se soit à peu près abstenue et ne nous ait pas permis de juger si, comme on l'affirme en son nom, les œuvres nombreuses de maîtres distingués prouvent qu'elle ne ment point à son passé, ou si, comme plusieurs l'en accusent, et ce qu'à Dieu ne plaise! l'art chez elle est déchu dans une irremédiable décadence. Le Piémont pourtant nous apporte son contingent où se trouvent quelques toiles de mérite, mais qui ne peuvent constituer une École. L'Espagne, où l'art a compté de ces mystiques étranges et puissants comme Zurbaran, des peintres terribles, presque féroces, tels que Ribeira, ou brillants, gracieux, séduisants par la fraîcheur et l'éclat du coloris, ainsi que Murillo, l'Espagne, longtemps oublieuse de cette illustre tradition, se révèle glorieusement aujourd'hui par un vrai peintre, M. Madrazzo, dont *les saintes Femmes,* tableau si profondément religieux, bien dessiné et d'une bonne couleur, a attiré l'attention non moins que de remarquables portraits; mais M. Madrazzo est seul jusqu'ici. Nous ne voyons donc en fait que les trois grandes Écoles signalées d'abord et que nous allons étudier en les comparant au point de vue supérieur et chrétien. De cette comparaison, la conclusion réfléchie se tirera d'elle-même.

L'École Française.

Mais d'abord faisons hautement notre profession de foi : la triste doctrine de *l'art pour l'art,* soit qu'on la proclame audacieusement en principe, soit qu'elle résulte de la pratique, n'est pas la nôtre et nous la répudions de toute l'énergie d'une conviction forte. Les dons précieux de l'intelligence ne sont pas accordés pour en user et mésuser selon son caprice. Il en est d'eux comme des richesses matérielles dont l'heureux du monde n'est que le dispensateur et de l'emploi desquelles il lui sera demandé plus tard un compte sévère. Pour les arts comme pour les lettres, si les moyens sont différents, le but est le même et ne peut être que noble, saint, illustre. Aider à la propagande du bien, à l'exaltation et au triomphe des saintes croyances, à la glorification de tous les généreux sentiments, des héroïques et sublimes vertus : voilà, selon nous, la tâche impérieuse de l'artiste comme celle de l'écrivain, et d'autant plus impérieuse, qu'il est doué de facultés plus éminentes. L'art est un apostolat. Honte à ceux qui n'y voient qu'un métier, et avec le gagne-pain un instrument de gloriole personnelle, ou qui, scandale trop ordinaire! par d'ignobles calculs, font servir leurs talents à la propagande du vice et des détestables passions!

Avec cette conviction, on comprendra que nous ayons emporté de nos visites à l'Exposition, après l'éblouissement du premier coup d'œil, une impression pénible. Pour la plupart, nos artistes prennent le moyen pour le but et les coryphées mêmes de l'art, ceux que l'on vante comme les maîtres, justement à certains égards, semblent ne voir dans la peinture que le procédé matériel, soit, comme M. Ingres, qu'ils se préoccupent presque exclusivement du dessin, soit, comme M. Eugène Delacroix, que, par un autre fanatisme, ils se passionnent pour les magnificences de la couleur.

M. Ingres, dans lequel, pour ses admirateurs, se personnifie la tradition, une certaine tradition selon nous, est un talent grave sans doute, mais un peu roide et pédantesque. Il se distingue par la netteté du contour, par un modelé savant qui tient suffisamment compte des détails en conservant la simplicité de l'ensemble. On voit dans son œuvre, où rien n'est laissé au hasard, la trace de l'étude persévérante et de l'infatigable labeur. Aussi pour-

-rait-on appliquer à M. Ingres, en considérant l'art de son point de vue exclusif et peu large, le mot du Dante :

Maestro de chi sanno.

Ce peintre, on le sait, ne brille point par la couleur et au contraire. Sa palette, réduite à la plus simple expression, n'emprunte rien à celle de Rubens ou Titien. Avare de la lumière, le grand artiste affectionne les tons absorbés, les nuances ternes ; son plafond d'Homère, par exemple, semble tout entier dans la demi-teinte, et il se déroule sous un ciel un peu triste, éteint comme le nôtre et non rayonnant de la clarté dans laquelle sont noyés les paysages de l'Attique. Cette toile n'en reste pas moins admirable par la solidité de l'exécution, la beauté des types, la majesté des attitudes, dirons-nous l'ampleur de la composition ? Mais, dans cette page magnifique, il y a foule, presque entassement, et pourtant chaque figure s'isole au lieu de se rattacher par un lien commun à l'ensemble. M. Ingres, dessinateur consommé, semble moins heureux au point de vue de la composition et des expressions ; aussi, dans la plupart de ses tableaux, quand il ne se borne pas à une seule figure, il restreint volontiers le nombre des personnages. Cette discrétion peut avoir ses avantages et l'effet concentré paraît d'autant plus sûr.

Par exemple, le tableau de Virgile lisant ses admirables vers :

Tu Marcellus eris,

est un modèle de composition noble, simple et pourtant saisissante ; mais en général, il faut le reconnaître, c'est chose presque rare chez M. Ingres qu'une haute pensée heureusement rendue : la forme excellente d'abord, et il ne va guère au delà. Le sens religieux surtout lui fait défaut ; et dans cette *Vierge à l'Eucharistie,* belle d'une beauté tout humaine et quelque peu hautaine, comme dans la prosaïque et lourde Madone du *Vœu de Louis XIII,* il nous est impossible de trouver la moindre lueur de sentiment chrétien. Nous préférons encore, sous ce rapport, les cartons dessinés pour les chapelles d'Eu et de Saint-Ferdinand : quelques-unes de ces figures se distinguent par un beau caractère de simplicité, même de piété, la *sainte Geneviève* entre autres.

La poésie se fait aussi désirer dans les toiles un peu mornes de M. Ingres, qui réussit surtout dans les figures isolées. Il faut admirer et louer presque sans restriction les magnifiques portraits que le génie de l'artiste, cette fois en contact immédiat avec la nature, anime d'une vie si puissante, le portrait de M. Bertin de Vaux, en particulier, dont on a pu dire : *C'est une résurrection !*

Nous nous taisons sur les Vénus et les Odalisques, et toutes ces nudités peu voilées, dont nous ne discutons pas le mérite au point de vue de l'art; mais plus sacrés sont les droits de la morale, et nous doutons qu'elle se félicite de ces exhibitions que M. Planche trouve d'une si parfaite chasteté. Tant s'en faut que nous soyons de son avis. Non pas que nous songions à incriminer les intentions de M. Ingres et que nous lui supposions des imaginations déshonnêtes : il n'a vu, dans la Vénus et le reste, que l'occasion de mettre en relief son savoir, et de prouver sa dévotion à la routine académique, tout en faisant politesse aux mânes de ces divinités de l'Olympe que le génie de Phidias lui rend toujours vénérables. Nous qui, dans notre fervent amour de l'art, n'avons point pourtant de ces superstitions aux dépens de la décence, nous estimons que de tels spectacles, dont peuvent se récréer des païens et des Infidèles, servent médiocrement à l'édification d'un peuple chrétien. N'en déplaise à certains critiques friands de la plastique, la seule beauté des formes ne suffit point à la beauté de l'œuvre; avant toute autre préoccupation il est un premier devoir pour l'artiste qui, s'il n'y prend garde, par l'étude habituelle et nécessaire du modèle d'atelier comme de l'antique, se fausse aisément la conscience à l'endroit du nu. Quoi qu'il en soit de nos réserves, M. Ingres, par le sérieux de son talent, par la conscience du travail, qu'il faut défendre même de l'excès, mérite d'être tenu en grande estime par ceux-là même dont il n'aurait pas toutes les sympathies.

M. Eugène Delacroix est aux antipodes de M. Ingres ; il n'immobilise pas, lui, son génie dans le cercle de Popilius, et comprend que l'art, immortel à la condition de se transformer, doit attester sa vitalité par le progrès ; seulement il erre dans l'application. M. Delacroix incarne en lui le romantisme, c'est-à-dire l'innovation avec ses audaces et ses écarts. Ici, ce n'est plus la raison calme qui dicte des lois inflexibles, ce n'est plus le travail tranquille et patient, qui lentement exécute le plan mûri par la réflexion : chez M. Delacroix tout est spontanéité, ardeur, passion. L'artiste se livre avec emportement à toutes les fougues de l'inspiration. L'imagination lui commande en souveraine. Derrière cette *folle du logis* il s'en va tête baissée, entraîné par elle à des hauteurs qui semblent inaccessibles, sur des faîtes sublimes, mais parfois aussi roulant avec son guide au plus profond des précipices. Ce vigoureux génie éclate surtout par les qualités extérieures, par un luxueux coloris, par une incroyable richesse de tons dans les carnations et les étoffes, par un audacieux maniement du pinceau qui effraie les plus intrépides. Ce qui n'empêche pas, à travers cette furie, souvent une composition habilement contrastée, et çà et là des expressions fortement senties. Quelle énergie, par exemple, dans ce *Dante et Virgile* au milieu des damnés! Comme ceux-ci se tordent bien autour de la barque qu'ils mordent avec une rage convulsive; quelle vivante et magnifique interprétation de la poésie du Florentin :

> Mentre noi correvam la morte gora,
> Dinanzi mi si fece un pien di fanga
> . . . .
> Allora stese al legno ambe le mani :
> Perchè 'l maestro accorto lo sospinse,
> Dicendo : Và costà con gli altri cani.

Admirons aussi cette *Médée*, si royale malgré ses allures de bête fauve, et qui, à moitié cachée par l'ombre de la caverne, presse sur sa poitrine haletante, de la main qui tient l'arme, et avec un si terrible regard, ses deux enfants effarés et palpitants. Il faut citer aussi dans le *Massacre de Chio* le groupe superbe du cavalier maure et de la jeune fille, à lui seul un chef-d'œuvre. Mais dans ce tableau se révèlent déjà trop les côtés défectueux de ce mâle talent et l'abus de ces puissantes facultés qu'il annihile en les exagérant. On y regrette des tons voisins de la crudité, des formes tourmentées, des expressions qui tournent à la grimace. Dans certaines parties du tableau, comme dans telles autres toiles, l'artiste, qui veut être vrai quand même, vrai et terrible, n'est que hideux, et l'horreur pour nous se change bientôt en dégoût ! Sans doute, il ne faut pas à la vieille mode farder la nature ; mais quand on la présente sous certains aspects, le grand art est de savoir la transfigurer sans mentir à la réalité. Les sujets dramatiques, féroces même, comme les *Convulsionnaires de Tanger* ou le *Naufrage de Don Juan*, conviennent à la peinture fiévreuse et parfois comme épileptique de M. Delacroix, bien plutôt que les motifs gracieux, religieux surtout, qu'il s'avise pourtant à certains jours de traiter. Un critique, des amis de M. Delacroix, à propos d'une de ces compositions, expliquait ainsi la manière du peintre :

« Les sujets semblent n'être qu'un prétexte pour M. Delacroix qui ne compte que *sur les ressources de sa palette.* N'y cherchez pas la *signification morale, religieuse*, ou même simplement dramatique que leur titre suggère, vous *seriez désappointé ;* et c'est ce qui choque le plus durement les gens dont le sens artistique n'est pas assez *aguerri* pour juger au besoin une composition historique à la manière d'un paysage... Une jambe, un bras, une tête, n'ont pas, à ce titre, plus de priviléges qu'un quartier de rocher, un pan de mur, un meuble, qu'une draperie, etc. »

Qu'on juge de procédés pareils appliqués à des motifs pieux ! Nous en avons vu les incroyables résultats dans les *Pèlerins d'Emmaüs*, le *Martyre de saint Étienne*, etc. Il faut dire aussi que l'effet désagréable de pareilles œuvres pouvait tenir en partie au laisser-aller de l'exécution. Gâté par des admirations déréglées, M. Delacroix ne se tient pas assez en garde contre l'entraînement de sa fécondité, et il nous donne comme des tableaux, comme des œuvres achevées, d'informes ébauches qui, pour un public *peu aguerri*, sont d'affreuses caricatures. Les admirateurs sincères de M. Delacroix, admirateurs, mais non séides, ont eu trop souvent, dans ces dernières années, à s'affliger des inégalités de son génie sublime par éclairs, et bientôt après bizarre, tourmenté, désordonné, violent jusqu'à la folie, trivial jusqu'à l'ignoble. M. Delacroix, qui donne de si fières allures aux lions, tigres et panthères, flatte médiocrement notre espèce, et, dans certains de ses tableaux, le beau sexe lui-même n'est guère plus séduisant que l'autre, le sexe laid. Si l'artiste donne aux individus mâles des figures de magots et d'orangs, les créatures auxquelles tant d'autres, jaloux de les embellir, prodiguent des teints de lis et de roses (vieux style), dans les toiles peu galantes de M. Delacroix, ont trop l'air des femelles desdits quadrumanes.

Disons, au reste, que le talent impétueux de M. Delacroix semble mal à l'aise dans le cadre étroit du tableau de chevalet; il lui faut, pour donner sa mesure, le vaste espace. Alors, comme l'aigle, il plane radieux, superbe, et tous applaudissent à son essor. Témoin l'*Apollon* de la galerie de ce nom au Louvre, et le *Triomphe de la Paix*, à l'Hôtel-de-Ville, pages monumentales au sujet desquelles on a murmuré, et pas trop à tort, les grands noms de Paul Véronèse et Tintoret.

M. Vernet, lui non plus, n'est guère un peintre spiritualiste ; dans la peinture des batailles dont il s'est fait un glorieux monopole, il n'envisage son sujet, surtout dans sa première manière, que d'un point de vue restreint et stratégique ; à l'occasion des guerres d'Afrique, cette manière s'est agrandie, non pas à cause des toiles immenses que l'artiste s'est plu à dérouler, charlatanisme dont son talent n'avait pas besoin, mais parce que, dans la représentation de ces terribles scènes, sans négliger les masses, il a fait une part plus large à l'individu. Pourtant jaloux d'être vrai, mais d'une vérité un peu vulgaire, dans la sublime horreur de ces sanglants pêle-mêle, il ne dépasse guère la poésie du bulletin officiel et le terre à terre du rapport. Et quand nous disons qu'il est vrai, c'est d'une vérité relative et quelque peu enjolivée, comme ses troupiers toujours propres, soignés, astiqués, et à l'uniforme desquels, par amour de l'exactitude, l'artiste, militaire d'instinct, ne fait qu'à regret des accrocs. Est-ce pour cela que M. Vernet est le peintre populaire par excellence, choyé de la foule à laquelle il sait, entre tous, parler une langue qu'elle comprend sans peine, courante, facile, agréable, brillante même? Il ne faut pas refuser à cet heureux pinceau, avec la prestesse et l'agilité, d'autres mérites; et s'il n'est pas au premier rang, par la prédominance d'une de ces hautes qualités qui constituent le vrai génie, du moins la réunion au degré moyen des facultés diverses qui composent le peintre, ne permettent pas de traiter aussi lestement qu'on l'a fait quelquefois cet éminent artiste, trop uniquement vanté d'un autre côté par les ignorants. Ajoutons encore ceci pour être tout à fait juste : le très-beau portrait du frère Philippe et surtout cette *Messe en Kabylie,* le dernier tableau de M. Vernet et l'un de ses plus remarquables où le sentiment vif et profond s'allie à une si franche exécution, prouvent que le grand artiste, quand son cœur est touché, peut s'élever jusqu'à la poésie et même jusqu'à la sublimité de l'expression religieuse.

Un artiste qui nous paraît un maître, un très-grand maître, c'est M. Decamps. Voilà une vraie et puissante originalité qui coule de source, si l'on peut s'exprimer ainsi. Pour être neuf, pour offrir au spectateur des effets saisissants, M. Decamps n'a pas besoin de faire appel aux passions violentes, de tordre les membres des possédés, de bouleverser la nature par des orages ou d'essayer, en évoquant l'ombre d'Apelles, une résurrection de l'art grec. Avec le motif le plus simple, il étonne et il émeut. Qu'est-ce, quand il emprunte à ses albums de voyageur une scène originale ou quelque beau site de ces pays de l'Orient dont le soleil n'a pas en vain ruisselé sur sa palette? A la bonne heure, on reconnaît bien ici l'azur splendide du ciel de Constantinople ou d'Athènes, les rayons d'or de la lumière éblouissante qui fait ressortir si magnifiquement l'élégance des formes, la beauté des types comme la richesse d'une végétation luxuriante. Et quelle touche large quoique ferme et accentuée! Quelle netteté de contours malgré la séduisante liberté du pinceau toujours sûr de lui-même! Comme elle se joue sur la toile cette main docile à l'inspiration et qui jamais, dans ses plus grandes hardiesses, ne dépasse la limite! Admirez cette science consommée du métier et, malgré les empâtements que Decamps affectionne, tant de finesse et de transparence! Cette exécution si hardie peut supporter l'examen de près comme une toile flamande. Citons, entre autres chefs-d'œuvre, le *Joseph vendu par ses frères,* avec la lumineuse sérénité de ses horizons à perte de vue, la *Halte,* le *Bazar,* les *Enfants à la tortue,* ou cette pétulante *Sortie de l'école turque;* mais par-dessus tout, cette *Bataille des Cimbres,* qui nous montre, sous un ciel sinistre, dans cette plaine aux terrains rocheux et mamelonnés, des légions innombrables s'entrechoquant avec une telle furie de meurtre et un si incroyable pêle-mêle. Les dessins du *Samson* prouvent que l'artiste tient d'une main également ferme le crayon et le pinceau.

M. Decamps, malheureusement, dans les sujets même qu'il emprunte à la Bible, se préoccupe moins de la portée morale et religieuse de son œuvre, que des côtés pittoresques qui peuvent mettre en relief le caractère original de son talent, pourtant il n'est point tout à fait un peintre matérialiste. Par sa vive intelligence de la nature dont il a le sentiment profond, par sa poésie qui déborde, par la distinction de sa merveilleuse exécution qui nous montre les plus vulgaires détails à travers un prisme lumineux, l'artiste empreint son œuvre d'un remarquable cachet d'élévation.

Mais en réalité faible, faible, sinon tout à fait nulle, est la part faite au spiritualisme dans les œuvres de ces peintres éminents et plus encore dans les toiles de beaucoup d'autres d'un talent moindre, classiques, romantiques, antiques, fantaisistes, réalistes, etc., que nous n'avons point ici mission d'apprécier individuellement. Dans cette foule, brillante foule d'ailleurs, nous ne confondons point deux maîtres à bon droit qualifiés d'illustres et qui planent dans les régions élevées de l'art, MM. Paul Delaroche et Ary Scheffer, ce dernier surtout. Mais pareils à cet Achille qui, retiré sous la tente, désertait le champ de bataille et boudait la victoire, les deux grands artistes, depuis plusieurs années, se refusent aux expositions publiques. Et cette fois encore dans ce magnifique concours ouvert entre toutes les gloires de l'Europe, ces messieurs, par les susceptibilités de je ne sais quelle fausse délicatesse que dictait la politique, dit-on, ou par une défiance plus inexcusable encore, se sont tenus obstinément à l'écart. Ils ont eu tort pour eux-mêmes ; car ils n'auraient pu que gagner l'un et l'autre à une exhibition générale de leur œuvre. Dans cette violente anarchie où se débat pour la plus grande partie notre École, au milieu de ses tendances contradictoires, et des témérités et des exagérations en sens divers dont elle nous donne le spectacle ou le scandale, M. Scheffer et M. Delaroche eussent contrasté heureusement par leur manière assurée, magistrale, radieuse dans son calme et sa dignité. M. A. Scheffer, poëte autant que peintre, eût vu certainement apprécier plus que jamais et admirer ce sentiment profond, ce caractère pathétique et touchant dont il empreint son œuvre, ces types suaves qui resplendissent surtout de la beauté supérieure, reflet de l'âme, et ces expressions de rêverie sublime qu'on n'oublie pas une fois qu'elles nous ont émus, car c'est le cœur qui en garde la mémoire. Pourquoi faut-il que M. Scheffer soit protestant et nourri de la lecture de Gœthe ! Au lieu des Marguerite et des Mignon, quelles vierges il eût pu nous faire ! M. Delaroche, dont le genre est si différent, n'aurait pas moins intéressé par le choix dramatique et nouveau de ses sujets, par l'habileté ingénieuse, trop ingénieuse parfois de ses compositions, par la vérité des expressions et aussi par la conscience du travail. Cette belle peinture, qui voudrait résoudre le difficile problème d'un savant dessin uni à une couleur attrayante, semble prouver qu'il n'est point tout à fait insoluble, encore qu'on pût désirer chez M. Delaroche une touche plus large et moins de raffinement dans sa brillante et sage exécution trop également parfaite.

Dans une région supérieure encore, nous ne disons point comme talent, l'art par excellence, l'art chrétien peut montrer toute une pléiade d'artistes heureux de dévouer leur pinceau à la cause sainte et glorieuse entre toutes, et qui cherchent leurs inspirations à la source la plus haute. Au premier rang entre ceux-là brille M. Flandrin, dont les peintures murales de Saint-Séverin, Saint-Germain-des-Prés, Saint-Vincent-de-Paul ont solidement fondé la réputation. M. Flandrin est du petit nombre de ces artistes intelligents qui allient la culture habituelle de l'esprit à la pratique et au maniement quotidien du pinceau. On s'en aperçoit à sa fécondité d'imagination comme à la facilité de son exécution rapide, trop rapide peut-être. Les peintures de Saint-Germain-des-Prés sont les premiers grands travaux exécutés par M. Flandrin, et déjà le maître s'y révèle par la noble simplicité de la composition, la sévère beauté du style et le profond sentiment religieux. On peut lui reprocher une certaine parcimonie de tons lumineux, et la palette de M. Ingres semble avoir déteint sur la sienne; on voudrait peut-être aussi que le Christ et la Vierge, le Christ surtout, se fussent transfigurés davantage sous le pinceau. Puis l'effet manque un peu dans ces belles pages : M. Flandrin affectionne les fonds sur or si chers aux peintres primitifs, pour lesquels est grande notre vénération. Néanmoins, sur ce point, nous doutons qu'il faille s'en rapporter à la tradition; les plaques d'or en guise de ciel nous semblent de ces choses précisément qui tiennent à l'enfance de l'art, et qu'il faut rejeter, surtout pour les œuvres formant tableau, c'est-à-dire dans lesquelles une action est mise en relief. Le fond d'or, selon nous, alourdit et écrase la composition, il nuit à l'harmonie en découpant brusquement les personnages, juxtaposés sans transition au lieu de se relier doucement l'un à l'autre par la gradation des teintes habilement fondues. Il ôte enfin au tableau la poésie d'un ciel lumineux ou sombre, selon le caractère de l'action, il lui ôte l'air et l'espace et la profondeur des horizons lointains, où l'œil s'égare et dont la perspective aérienne nous ménage les illusions. Les fonds sur or ne nous paraissent avantageux que pour les figures isolées ou qui, bien que rapprochées, ne prennent point part à une action commune; ainsi, dans la frise de Saint-Vincent-de-Paul, vaste et beau travail qui fait tant d'honneur à M. Flandrin. Devant sa tâche qui pouvait l'intimider, l'artiste, au contraire, animé d'une généreuse confiance, a senti sa force grandir, son talent s'exalter et les plus solides qualités, dans son œuvre, ne permettent pas de prendre garde à quelques imperfections. La couleur s'est éclaircie parfois presque brillante. Si les personnages affectent tous l'attitude perpendiculaire, c'est le tort du sujet; mais, dans cette attitude, les membres gardent leur souplesse, les draperies amples tombent en plis heureux avec une élégance sévère. A cette hauteur où les détails échappent, il n'est guère possible de deviner les expressions que par les gestes et les mouvements, et généralement ils sont bien compris, sauf parfois quelque roideur. En somme, c'est là une œuvre toute magistrale, d'où la force et la majesté n'excluent pas la grâce, témoin tant de charmants enfants dont ce grave pinceau s'est plu à caresser le doux profil; mais ce pinceau c'était la main d'un père qui le conduisait.

Après M. Flandrin vient toute une élite de jeunes peintres appréciés déjà par de beaux travaux, mais qui n'ont point valu encore à leur nom la même notoriété : M. Benouville, dont Lesueur eût signé le *saint François d'Assise,* M. Cabanel, à la touche ferme, dessinateur énergique plus encore que coloriste et dont les *Martyrs*, belle et sérieuse page, ont été surtout remarqués par les connaisseurs; M. Hippolyte Lazerges, qui mit un sentiment si profond dans sa *Notre-Dame-de-Résignation*, dans sa *Mort de la Vierge*, que nous avons regretté de ne pas retrouver à la grande Exposition; M. Lepneveu, homme d'instruction et de goût, qui compose heureusement; M. Savinien Petit, nourri d'études austères dans le silence des catacombes; M. E. Lafond, M. Hallez, M. Grimaux, connu par sa belle composition de l'*Ange gardien*, et quelques autres. Entre les peintres religieux nous serions presque tentés de placer M. Saint-Jean, l'incomparable peintre de fleurs qui, dans les enroulements de ses délicieuses guirlandes, se plaît à encadrer un pieux symbole, l'image de la *Sainte Vierge* surtout. Ainsi, dans un genre inférieur, il nous élève aux grandes pensées. Donnons enfin un souvenir au regrettable M. Orsel qui, avec une persévérance inouïe de nos jours, a consacré vingt années de sa vie à l'exécution de sa chapelle de l'*Eucharistie*, à laquelle fait pendant celle de la *Vierge* par M. Perrin, l'ami et l'émule courageux d'Orsel. Ce sont là des œuvres graves et pieuses en harmonie avec leur destination et qui offrent au chrétien instruit de nombreux sujets de méditation, comme à l'artiste une fructueuse étude; mais on leur reproche quelque affectation dans la simplicité; puis un symbolisme trop savant et certaine monotonie dans l'exécution rigide ne permettent qu'au petit nombre d'en goûter tout les mérites. Il faut d'ailleurs tenir grandement compte à feu Orsel d'avoir le premier frayé la voie dans ce retour en France à la véritable tradition religieuse de l'art. Son talent ou sa vie n'a pas suffi à l'accomplissement de la glorieuse tâche à laquelle il s'était généreusement dévoué.

Comme je l'ai dit, la plupart des artistes, nommés par moi avant M. Saint-Jean, n'ont fait leurs preuves qu'à demi; mais ils sont comme ces arbres jeunes et pleins de séve qui donnent des fleurs plus encore que des fruits et avec lesquels il faut savoir attendre le temps de la moisson complète.

On peut donc fonder des espoirs sérieux sur notre École religieuse, sans pourtant se dissimuler que dans la foule des autres peintres en tous genres, les artistes chrétiens forment une minorité faible encore, un groupe plutôt qu'une école, mais auquel les tendances meilleures des esprits donneront bientôt des recrues.

Nous ne regardons pas comme telles la plupart de ces artistes, artistes religieux par occasion, et pour le bénéfice de la commande, dont les peintures, de fabrique plus ou moins récente, décorent, de si étrange sorte, les murailles de quelques-unes de nos églises. Pour l'art chrétien, le talent et même un grand talent ne suffit pas non plus que ces tendances vagues d'un christianisme en l'air, que l'on a qualifiées ingénieusement la Religiosité. Dans ces conditions on n'aura que des œuvres bâtardes, qui grimacent la piété, mais ne prient point; des œuvres sans caractère, fades copies, ennuyeuses redites, dans lesquelles la banalité du lieu commun comble seul les vides de la pensée parce que l'artiste, pour féconder son inspiration, n'a pas l'intelligence et même la connaissance exacte du dogme chrétien. Lui qui devrait être presque théologien, il ignore peut-être jusqu'aux éléments du catholicisme. La pauvreté d'imagination tient le plus souvent à l'ignorance. *Rien ne produit rien*, a dit Reynolds, et madame de Staël après lui : *Connaître sert beaucoup pour inventer*. Mais, par une paresse d'esprit honteuse, nos artistes, en général, n'aiment pas à lire si ce n'est des fariboles. Quoi! un livre d'art, d'histoire, de philosophie chrétienne, ou de solide instruction religieuse! Allons donc! parlez-leur de feuilletons. Aussi leur œuvre, en dépit de tous les efforts, apparaît froide, guindée, insipide, et nous révèle les gênes de l'artiste aux prises avec l'austérité de son sujet, à moins que, pour s'en délivrer, il ne s'en tienne tout uniment à sa manière ordinaire et que, nous interprétant l'Écriture sainte à sa mode, il ne déguise les plus sublimes scènes en mondains tableaux de genre.

Si, comme on l'a dit, les grandes pensées viennent du cœur, il faut donc pour la peinture religieuse que le cœur soit chrétien. Il faut à l'artiste la foi vivante, la foi pratique.

La foi qui n'agit pas, est-ce une foi sincère?

Il faut la foi qui s'exalte, et s'échauffe, et s'enflamme incessamment par les saintes ardeurs de la charité. Que ne peut le génie sous l'impulsion véhémente d'un tel sentiment?

« L'amour souvent ne connaît point de mesure; mais, comme l'eau qui bouillonne, il déborde de toutes parts. Rien ne lui pèse, rien ne lui coûte... aucune fatigue ne le lasse, aucuns liens ne l'appesantissent, aucunes frayeurs ne le troublent; mais, tel qu'une flamme vive et pénétrante, il s'élance vers le ciel et s'ouvre un sûr passage à travers tous les obstacles, » dit l'admirable auteur du livre de l'*Imitation*.

Attendons peu de chose de l'artiste qui, prenant ses pinceaux pour peindre la Vierge ou le divin Enfant, peut-être le Christ suspendu à la croix, se met à son travail en sceptique, et ne songe pas d'abord à fléchir le genou, n'élève pas du moins son cœur à Dieu par la prière intime pour lui demander qu'il donne à son entendement les illuminations de la piété, à sa volonté la persévérance, à sa main la docilité. Espérons moins encore de celui qui, dans une église, oubliant le redoutable voisinage des saints tabernacles, transforme la pieuse chapelle en atelier pour y recevoir ses amis, et là rit et cause avec eux des frivolités du monde, de la Bourse, de la politique, de la mode nouvelle, de littérature, de bal et de théâtre, au lieu de se recueillir, avec le saint tremblement du respect, dans le travail silencieux, fécondé par la méditation et la prière. Ange de Fiésole, le peintre religieux par excellence, et qui, par l'onction, par la force et la sublimité des expressions, supplée à l'insuffisance des procédés matériels, aux inexpériences de l'art bégayant encore, le bienheureux Fiésole ne peignait jamais qu'à genoux et souvent on le surprit dans cette pieuse attitude, devant sa toile ébauchée, la figure toute baignée de larmes. Mais aussi Vasari dont la postérité a confirmé le jugement a pu dire de ses peintures entre autres dans le couvent de Saint-Dominique : *Tanto belle che pajono veramente di paradiso.*

L'École Anglaise.

Nous serons bref avec l'École Anglaise remarquable pourtant par des qualités rares et une incontestable originalité; mais ces mérites, on ne peut les admirer que dans les genres inférieurs. Sous l'influence mortelle du protestantisme sans doute, l'art, dans son expression la plus élevée, fait complétement défaut à l'École Anglaise. En revanche, elle brille au premier rang dans les genres secondaires, dans la représentation des scènes de mœurs, les sujets d'animaux, le paysage quelquefois, le portrait toujours, mais le portrait à l'aquarelle. Dans ce genre les peintres anglais nous étonnent par des miracles d'adresse et de patience, et trouvent tout naturellement cette gamme harmonique de tons et cette fonte habile de couleurs qui ne distingue pas toujours leur peinture à l'huile. C'est chose étrange que ces couleurs si vives, dont le pinceau anglais semble chérir le contraste et qui choquent au premier abord les yeux délicats. Mais peu à peu on s'y accoutume comme l'a dit avec raison M. T. Gauthier, excessif d'ailleurs dans ses éloges des maîtres anglais; malgré ces tons un peu hasardés (qui sont dans le goût national, témoin les toilettes des milady voyageant sur le continent), l'amateur intelligent, qui, dans une œuvre, cherche avant tout la pensée et les expressions est attiré par ces étranges tableaux, où la forme et la couleur ne sont bien que l'accessoire, subordonnées impérieusement aux exigences du sujet. Ces artistes, du moyen ne font pas le but, et la peinture pour eux n'est jamais que le langage plus ou moins orné, mais net et incisif, qui sert à traduire leur pensée. Le malheur est que cette pensée, elle aussi, rampe souvent à terre ou ne s'élève guère plus haut que la région la plus moyenne... Ainsi le *But*, la *Robe de Noces*, La *Discussion sur les Principes*, de Mulready, le *Jeu du Ballon*, la *Marchande de Cerises*, les *Vents contraires*, de Wetsber, ravissants petits chefs-d'œuvre d'un certain point de vue, pétillants d'esprit et de grâce, qui brillent par l'observation fine, par les intentions délicates, par les détails charmants dans leur naïveté étudiée. Dirai-je encore ces animaux de Landseer si élégants et si intelligents, trop élégants et trop intelligents, car, par suite sans doute d'une éducation plus raffinée, ces quadrupèdes ou volatiles se gardent, même les plus vulgaires, de ces allures triviales ou stupides ordinaires aux bêtes plébéiennes que nous connaissons, et tous ils ont l'air des gentilshommes de l'espèce. Mais, dans cette merveilleuse peinture, le cœur est pour peu de chose; même elle excelle dans la représentation de ces scènes familières à la façon d'Hogarth auxquelles l'*humour* ou certaine pointe d'ironie et de moquerie donne une saveur particulière, par exemple *le Loup et l'Agneau*, de Mulready.

Mais ne lui demandez pas l'émotion d'un sentiment véritable et profond, et moins encore, malgré ses prédilections aristocratiques, l'élévation soutenue, la noblesse des types et des expressions, ce cachet de grandeur et de vérité dans le style qu'exige l'histoire; rarement elle réussit à satisfaire le spectateur. Dans le genre religieux, nous l'avons dit, grâce à l'anglicanisme, au méthodisme, quakerisme, anabaptisme, et à toutes ces innombrables sectes entre lesquelles, de l'autre côté de la Manche, est tiraillée cette prétendue indépendance de la pauvre raison humaine, dans le genre religieux, le thermomètre de l'inspiration est de quelques degrés au-dessous de zéro.

L'École Allemande.

Venons à l'École Allemande pour laquelle nous ne dissimulerons pas une haute estime et de vives sympathies, parce que là, plus qu'ailleurs, on prend l'art au sérieux; l'art à Dusseldorf, à Munich, à Dresde, est une carrière à part; on ne s'y destine pas sans être appelé, et, assuré de sa vocation, on s'y prépare comme à un sacerdoce dans le recueillement de l'étude, par un austère et laborieux noviciat. Ces nobles artistes, hommes d'intelligence et de cœur, chrétiens fervents pour la plupart, pénétrés de la gravité de leurs devoirs, tremblent à l'idée de la responsabilité qui pèse sur eux. Ils savent tous les ravages que peut causer une fatale inspiration rendue vivante sur la toile ou sur le papier et que le burin plus tard multiplie à l'infini. Que d'âmes troublées, perdues peut-être par cette imagination dangereuse qu'en se jouant le crayon a fixée d'une manière presque indélébile ! Aussi craignent-ils de profaner les riches facultés, dons du Ciel, et ils ne sacrifient pas les intérêts les plus sacrés aux vils calculs de la cupidité. Puisse longtemps durer, dans cette École régénérée, la sainte ardeur de l'enthousiasme qui fait, nous dit-on, des maîtres comme des disciples, autant de modèles dont se glorifient également l'Art et la Religion !

Au moment même où les autres Écoles se précipitaient de plus en plus dans le matérialisme, Overbeck, converti par l'art au catholicisme, avait la gloire de renouer, après trois cents ans, cette chaîne de la tradition chrétienne dans l'art, brisée par la prétendue Renaissance qui ne fut qu'une résurrection et une invasion du paganisme. A dater de Raphaël, qui subit trop la fascination de ces chefs-d'œuvre de l'antiquité, exhumés tout à coup des décombres, la fatale rupture commence. Le Sanzio oublie presque, en se corrigeant des défauts réels, de la roideur et de la sécheresse du Perugin, son maître, les qualités qu'il fallait conserver ; il ne se souvient plus assez de ce caractère si profondément chrétien, l'éternel honneur de l'École Ombrienne, et si Raphaël surpasse les Fiesole, les Gozzoli, par la science, par l'élégance, par la merveilleuse perfection extérieure, il leur reste grandement inférieur dans l'expression du sentiment religieux ; il ne parle pas, avec un langage aussi convaincu et aussi persuasif, ce divin langage de la foi.

Michel Ange, ce tout-puissant génie, l'orgueil de l'École Florentine, se détourne plus encore du vrai but de l'art par la fierté exagérée de sa manière, et Milizia, qui n'est pas toujours un guide sûr, a eu raison de dire : *D'un carattere fiero e inflessible le sue opere sono riuscite più terribili che belle.... Seppe profondamente l'anatomia e ne face si grande pompa pedantesca che oblio la bella natura.... Le articolazioni delle sue figure sono grossolane, le carni troppo rotondi e i muscoli troppo grandi d'una forza aguale, etc.*

Léonard de Vinci témoigne, par ses écrits surtout, qu'il voyait l'art de plus haut ; mais, par la mobilité prodigieuse de son génie qui se dispersait en mille manières, Léonard, à la fois ingénieur, architecte, mécanicien, poëte, musicien, mathématicien, sculpteur, et peintre à ses heures, n'a pu confirmer assez ses préceptes par l'autorité des exemples.

Corrège, le roi de l'École Lombarde, ce grand maître dans l'art difficile du clair obscur, tout entier à la recherche des mystérieuses combinaisons de la lumière avec les ombres, eut peu le loisir de songer aux expressions. D'ailleurs, lui aussi, dans l'Art chrétien voyait surtout l'art, et ce même pinceau qui représentait les sujets les plus augustes, il le souillait par les imaginations impures de la mythologie, témoin les Satyres et les Léda.

L'École Vénitienne n'oublia pas moins le but élevé de l'art, mais d'une autre façon. Elle se passionne, avec le Titien ou Paul Veronèse, pour les carnations splendides, pour les draperies magnifiquement déroulées et qui nous éblouissent de leurs chatoyants reflets et de ces tons harmonieusement éclatants dans lesquels sont prodigués les trésors d'une inépuisable palette. Mais dans ces merveilles de l'art, même alors qu'elles représentent des sujets chers à la foi, les *Noces de Cana, l'Adoration des Bergers, les Disciples d'Emmaüs, la Vierge Sainte et le divin Enfant,* les yeux seuls sont fascinés, et ces superbes tableaux, auxquels l'Évangile a servi de texte ou mieux, de prétexte, ne disent rien au cœur du chrétien. Aussi dans les chefs-d'œuvre de l'École Italienne, chrétiens par le sujet, c'est presque toujours l'inspiration religieuse qui fait défaut. Tout au moins elle ne s'y révèle qu'isolément, et comme par accident; ainsi, dans le tableau du Titien, *Jésus-Christ porté au Tombeau,* où respire un sentiment si profond, encore que ce soit peut-être une tristesse trop humaine, et que la tête du Christ, heureusement dissimulée dans la demi-teinte, laisse trop à désirer.

De l'École Flamande, après Van Eyck et Quentin Metzys, il n'en faut point parler au point de vue chrétien, ce fut là son moindre souci. Le représentant le plus illustre de l'École, Rubens, ce prodigieux coloriste que nous admirons plus que personne, dans les prodigalités de sa palette, à travers les bacchanales d'un génie hors ligne, a-t-il jamais rencontré la véritable expression religieuse ?

Quoique tout d'abord docile aux influences de l'École Italienne, dont les maîtres, devenus les nôtres, furent l'objet de la même vénération, l'ancienne École Française a pourtant ce bonheur de pouvoir montrer deux illustres peintres chez lesquels avant tout la pensée ou le sentiment domine : Poussin qui, par tant d'œuvres d'une gravité magistrale, atteste les préoccupations d'un esprit supérieur; Lesueur, plus admirable sans doute par la sublimité des expressions, par cet accent si profondément religieux qui nous émeut dans ses belles compositions, et qu'il ne devait qu'à la ferveur d'un cœur convaincu; car n'ayant jamais vu l'Italie, son rêve, il ignorait toutes ces merveilles de l'Art chrétien primitif, à la contemplation desquelles son génie eût certainement profité beaucoup. Nul doute qu'alors il eût donné à son style quelque chose de plus grandiose dans les types moins humains et individuels.

M. Overbeck, plus heureux, avait vu de bonne heure l'Italie, et, préparé qu'il était par de saines études, grâce surtout aux nobles tendances d'un esprit élevé, devant ces œuvres naïves des Fiésole, des Gozzoli, des Carpaccio, si vraiment pieuses, si admirables par l'onction, toutes radieuses d'expressions célestes, et qui trahissent les illuminations d'une foi ardente dans sa sérénité, Overbeck se sentit éclairé d'une soudaine lumière. Il comprit, avec la rapide intuition du génie, quel vaste champ laissé inculte après les premiers défrichements s'ouvrait à l'art nouveau, à l'art sérieux, qui voudrait ne pas dédaigner les enseignements de la tradition chrétienne. Docile à cette heureuse inspiration, il sut admirablement la traduire dans ses œuvres, où la foi des siècles primitifs s'unit à une forme plus savante, comme à l'originalité des conceptions, originalité qui ne perd rien à la fécondité de ce laborieux crayon. Une imagination brillante et une science vaste qui se nourrit des fortes lectures offrent au grand artiste, avec le trésor plus précieux de ses saintes croyances, une mine toujours aussi riche et qu'il n'est pas près d'épuiser, quand il vivrait, et plaise à Dieu! de longues, longues années encore. Beaucoup de ses nombreux dessins, venus pour ainsi dire au courant du crayon, sont des chefs-d'œuvre dont les yeux et surtout le cœur ne peuvent se détacher. Que de pages admirables, émouvantes, sublimes, parmi ces quarante compositions, commentaire animé, dans lequel le grand artiste chrétien interprète d'une manière si saisissante les plus beaux et les plus touchants passages des Évangiles. Ce ne sont là que des dessins reproduits par la gravure, et pourtant avec les expressions si vives et si pathétiques, avec la composition si nouvelle, quel puissant effet, l'on peut dire même quelle couleur! par exemple, dans le *Reniement de saint Pierre* et dans le *Jésus conduit à Pilate*, etc., etc., M. Overbeck est dessinateur plutôt que peintre; néanmoins on cite de lui un certain nombre de tableaux auxquels on ne reproche qu'une touche parfois un peu maigre et une couleur un peu pâle. Ces critiques ne semblent pas devoir s'appliquer à cette belle composition du *Triomphe de la Religion*, dont les premiers plans surtout sont brillamment accusés; l'*Assomption de la Sainte-Vierge*, pour la cathédrale de Cologne, mérite les mêmes éloges.

A côté de M. Overbeck se place tout naturellement un autre grand artiste dont l'influence sur l'École Allemande ne fut pas moindre, M. Cornélius qui, dans sa manière grandiose, se souvient d'Orcagna et de Michel-Ange, mais s'en souvient en chrétien; témoin son magnifique *Jugement dernier* qui ne craint pas la comparaison avec l'œuvre colossale de la chapelle Sixtine. Si Cornélius est inférieur pour l'exécution, combien il l'emporte par la sainte majesté de la composition, par la hauteur chrétienne de la pensée, par la sublimité des expressions! Voilà bien ces solennelles assises du genre humain, qui inspirèrent Bossuet dans un de ses admirables sermons; il y a là comme un retentissement de cette grave et forte parole. On y sent le grand souffle chrétien et l'on croit ouïr ces accents tour à tour terribles et pathétiques vibrant dans cette hymne magnifiquement lugubre du *Dies iræ* que l'Église fait gémir consolante à l'oreille des morts, ou formidable éclater comme un tonnerre aux oreilles des vivants, plus sourds souvent que ceux-là même dont l'invincible sommeil appesantit la paupière.

Entendez-vous, entendez-vous, ô hommes tout entiers à la terre :

> Mors stupebit et natura
> Cùm resurget creatura
> Judicanti responsura.
> . . . .
> Quid sum miser tum dicturus?
> . . . .

Ces angoisses et ces menaces, M. Cornélius nous en a donné avec son pinceau une saisissante traduction ; il a fait lui aussi son *Dies iræ*. Mais dans son œuvre, point de ces amalgames qui rappellent les immondes chimères de la mythologie ! Point de Caron poussant la barque, et surtout point de ces nudités brutales, que nous étale si audacieusement Michel-Ange, pour la puérile satisfaction de mettre en relief son savoir anatomique. On n'est pas tenté de sourire en voyant aux prises avec les démons ces damnés qui, avec des expressions où se trahissent la suprême angoisse et l'infini désespoir, et avec de tels effrois, se débattent contre les mains implacables à l'envi les poussant au gouffre. De l'autre côté, dans une admirable opposition, montent les groupes des élus, emportés d'un vol sublime et que les anges accompagnent plutôt qu'il ne les soutiennent. L'œil se repose avec bonheur sur ces figures, la plupart merveilleusement belles par leur pureté séraphique et qui, dans leurs expressions variées, expriment ou le premier et joyeux étonnement du réveil, ou le calme ravissement de l'extase. Nous aimons aussi beaucoup l'archange saint Michel, qui, avec la sérénité de la force, debout, armé du glaive, entre les élus et les démons, menace les uns et protége les autres. Au sommet du tableau le Christ sur son trône, entouré de la Sainte-Vierge, des Apôtres, des Saints et des Martyrs, immortel concile, domine heureusement la composition.

M. Cornélius avait envoyé à l'Exposition universelle quelques-uns des immenses cartons qui lui ont servi pour les peintures du *Campo-Santo* à Berlin et qui témoignent chez l'artiste de si profondes méditations et de si vaillantes études. La récompense la plus illustre décernée à Cornélius par le Jury, écho de l'opinion publique, prouve que l'on a su apprécier à leur valeur ces œuvres de génie. Religieuse et poétique à la fois nous apparaît cette belle composition de la *Jérusalem cé-*

leste. Mais quelle effrayante peinture que ce tableau des *Anges versant sur la terre les fléaux de la colère divine!* Le frisson vous saisit à la vue de ces personnages étranges, messagers d'horreur et d'épouvante. Comme elle dévore l'espace sur son cheval pâle et tient fortement de ses mains de squelette la faux implacable, cette mort enveloppée à demi de son linceul dont le reste flotte au vent en sinistre étendard et devant laquelle les générations terrifiées, femmes, enfants, vieillards, jeunes hommes, fuient et se précipitent jonchant le sol de victimes qui se tordent dans les convulsions de l'agonie!

On reproche à ces admirables cartons la longueur exagérée de quelques figures, et c'est là un défaut auquel paraît enclin le grand artiste, avant tout préoccupé de la ligne et du mouvement.

Les peintures du *Campo-Santo* ne sont pas terminées, et cet immense labeur occupera longtemps encore M. Cornélius. Mais des gravures faites au trait et avec un remarquable talent permettent dès à présent d'apprécier cette œuvre gigantesque dans l'ensemble et les détails. Et certes le génie de M. Cornélius semble n'avoir jamais été mieux inspiré. On ne se lasse pas d'admirer la majesté du style, la savante pondération des groupes, cette prodigieuse variété d'expressions, de mouvements et d'attitudes, en même temps que cette forte unité d'un lien invisible qui rattache l'une à l'autre tant de scènes si différentes. La catastrophe de la mort d'Antiochus, par exemple, contraste avec le *Martyre de saint Étienne*, page tragique aussi, mais d'un tout autre caractère. Si d'un côté, dans ce tableau, apparaît la violence, par la rage des Juifs, qui lancent à l'envi des pierres dont ils écrasent la victime, de l'autre côté, le saint, doucement étendu à terre, les regards au ciel et la figure rayonnante, est admirable dans l'ineffable tranquillité de son agonie, qui ressemble au plus paisible sommeil. Chez M. Cornélius cependant, penseur autant que peintre, les expressions fortes dominent; et nous comprenons très-bien que les allures de ce génie inculte, que son coup de crayon souvent rude, soient peu du goût de nos *délicats* bourgeois, curieux de la peinture brillantée et blairotée. Nous ne nous étonnons pas davantage que les œuvres de Cornélius déplaisent, comme toute l'École Allemande au reste, trop catholique, à certains critiques, queue attardée de Voltaire, qui ont la prétention peu neuve d'inventer une religion plus à leur convenance que la véritable, et en attendant avisent à démolir celle-ci. A cet effet, nous les voyons, armés de leur petite plume, frapper d'estoc et de taille contre ce roc immuable de l'Église, sur lequel, depuis des siècles, se sont brisés des milliers d'hérésiarques, quelques-uns Titans de génie et d'orgueil, comme aussi tant de violents persécuteurs, colosses de puissance souvent, traînant après eux des meutes de satellites et de bourreaux.

Il ne faut pas craindre d'avouer au reste que le talent de M. Cornélius, si éminent qu'il soit comme pensée, nous laisse à regretter des lacunes dans l'exécution : parfois il pèche par la roideur, un modelé insuffisant, le manque d'élégance, et, nous dit-on aussi, par une couleur un peu triste ; mais comme l'a fort bien remarqué un judicieux critique, ces génies créateurs, occupés de frayer la voie, ne peuvent tout entreprendre à la fois. La pensée souvent les absorbe ou les presse, les entraîne avec une impétuosité qui laisse à peine à la main le temps d'obéir ! ce labeur ingrat du défrichement leur donne peu de loisir pour le reste. Mais qu'importe si, dans ce sol, naguère inculte qu'ils ont ensemencé les premiers et baigné de leurs sueurs, d'autres viennent bientôt pour achever la tâche commencée et nous faire admirer les moissons splendides ! De Cornelius et d'Overbeck, il ne faut pas séparer leurs deux amis Schadow et Veit, artistes éminents aussi, celui-ci par de sérieuses et nobles compositions : les *Saintes Femmes au tombeau*, l'*Introduction de la Religion en Allemagne*, l'autre, en outre de son mérite comme peintre, apprécié pour son talent rare et son infatigable dévouement comme professeur. Ces quatre illustres maîtres, qui s'étaient liés d'une étroite amitié et qu'à Rome on appelait les *Nazaréens*, donnèrent l'impulsion à l'École Allemande, soit par leurs œuvres, soit par l'enseignement direct, et dans tous les jeunes cœurs ils rallumèrent la sainte flamme de l'enthousiasme. Aussi l'École, qui depuis trop longtemps se traînait dans l'ornière d'un classique suranné, put montrer bientôt toute une pléiade d'artistes d'élite. Elle couvrit les murs des églises et des palais de ses œuvres originales, grâce, il faut le dire, à la généreuse initiative des souverains, des rois de Prusse et de Bavière en particulier. Le roi Louis, un monarque comme en rêvent les artistes et les poëtes, un Médicis couronné, dans sa noble passion des arts, sut, en quelques années, faire de la petite et insignifiante Munich une sorte d'Athènes. Le roi de Prusse, non moins zélé, se plut, en honorant les grands maîtres nouveaux, à encourager ce mouvement artistique si glorieux à sa nation, mais dont le caractère catholique aurait pu faire craindre, chez le souverain protestant, d'étroites préventions. La protection large et intelligente de ces monarques dut aider beaucoup au triomphe de l'École Allemande, qui, par de beaux tableaux, par de magnifiques dessins surtout que la gravure multiplie à l'infini et que la foi porte aux extrémités du monde, sut attester partout sa résurrection.

Longue serait la liste si nous voulions rappeler tous les artistes dont elle s'honore aujourd'hui. Citons quelques noms seulement, les premiers qui, après les maîtres dont nous avons parlé, s'offrent à notre pensée: Deger, Bendemann, Fuhrich, Steinle, Muller, Ittenbach, Meyer, Mintrop, Jules Schnorr, Kaulbach, etc. Deger se distingue par une couleur vigoureuse, mais dont le brillant s'atténue de teintes un peu sombres; il a peint en partie, sur les bords du Rhin, la belle chapelle de Sainte-Apollinaire, et maintenant il termine pour le roi de Prusse celle de Stolzenfelds près Coblentz. Bendemann, talent à la fois poétique et grave, aimable et sérieux, est fort goûté en Allemagne. *Jérémie pleurant sur les ruines de Jérusalem,* page d'une désolation poignante, le *super Flumina Babylonis,* d'une tristesse moins amère et que l'espérance adoucit, nous offrent, avec des expressions senties, des types de beauté touchante sinon d'un caractère parfaitement oriental. Le burin a rendu populaire au delà du Rhin le charmant tableau des *Jeunes filles à la fontaine,* si gracieusement mélancoliques. Mais l'œuvre capitale de Bendemann est son *Histoire de la vie humaine* qui déroule sous nos yeux toute une suite de scènes tour à tour riantes, graves ou pathétiques que la féconde imagination de l'artiste embellit, dans leur variété, de mille ingénieux détails. Fuhrich, artiste supérieur, dessinateur excellent et graveur habile, possède au plus haut degré le *style,* le *style,* cette grande qualité des artistes allemands, chez nous si rare, il faut le dire. Après les admirables compositions du *Triomphe du Christ,* de *Geneviève de Brabant,* entre autres, dessinées et gravées par lui, Fuhrich vient d'ajouter encore à sa réputation par cette œuvre magistrale de la *Confirmation des Apôtres.* MM. Ittenbach, Meyer et Muller brillent par leurs œuvres à l'Exposition où nous les retrouverons. On doit à M. Steinle, entre autres choses, les fresques monumentales de la cathédrale de Cologne.

M. Mintrop est cet artiste, qui, pendant 30 ans enfoui dans un village, dessinant et peignant d'instinct, nouveau Giotto, avec cette différence qu'il était laboureur et non pâtre, fut découvert par un autre Cimabué non moins généreux que l'autre, et put quitter, grâce à lui, la charrue pour les crayons. Après deux années d'études seulement, mais d'études austères, un dessin, où déjà se révélait le maître, et signé Mintrop, représentant des *Enfants jouant avec un bouc,* apprit aux élèves de l'académie que l'École comptait un grand artiste de plus. D'autres œuvres ont suivi qui n'ont point menti à ces promesses; tout récemment encore nous admirions un *Enfant Jésus au milieu des Anges,* dont la gravure va paraître. Chose étrange, ce villageois, ce laboureur, cet homme rustique, affectionne d'une prédilection singulière les sujets gracieux, et nul peut-être ne l'égale pour rendre, chose difficile, avec cette élégance et cette vérité, les formes rondes de l'enfant, en marquant, sans les accuser trop, leurs vagues contours d'une délicatesse presque insaisissable.

M. Jules Schnorr, connu déjà par deux grandes fresques, avec ce mâle courage qui se sent sûr de la persévérance, a entrepris une illustration de la sainte Bible, qui ne comptera pas moins de 240 dessins d'une assez grande dimension. Trois livraisons de l'édition française ont déjà paru chez MM. Schulgen et Schwan, et elles ne laissent aucun doute sur le mérite de l'ouvrage. La plupart de ces dessins, malgré leur cadre restreint, par l'élévation du style, l'ampleur de la composition, et le beau caractère des figures toutes bibliques, nous impressionnent autant et plus que de grands tableaux; ces gravures sur bois égalent presque, grâce à la fermeté de la taille, les planches sur cuivre. Citons, entre celles qui frappent davantage, le *Déluge,* la *Tour de Babel,* les *Saintes Femmes au tombeau.* Avec notre sincérité habituelle, nous avouerons que quelques dessins nous ont moins satisfait que ceux-ci; par exemple, le *Baptême de Notre-Seigneur par saint Jean;* le travail de la gravure en certaines parties semble grossier; le Christ tout entier, soit la faute de l'artiste ou celle de son interprète, est peu noble de formes et, croyons-nous, incorrect comme dessin. Ces rares défaillances ne diminuent en rien notre haute estime pour le talent de M. Schnorr. Ajoutons que cet artiste est un écrivain distingué, un critique habile, et naguère encore dans une suite d'articles qui firent rumeur à Berlin, il appréciait, avec l'autorité de son talent et de son caractère, les tendances blâmables de certaines peintures de M. Kaulbach, de qui nous sommes tout naturellement appelé à parler.

M. Kaulbach, protestant, rationaliste ou mieux peut-être trop uniquement artiste, fait schisme et trace à l'écart son sillon. C'est d'ailleurs un maître d'une haute intelligence, d'une imagination hardie et féconde; ses compositions saisissent par un aspect grandiose, et à travers une poésie un peu matérielle, on y sent le cachet à la fois de la force et de la grâce. Habile à remuer les masses, à disposer les groupes, à faire contraster les habitudes, dessinateur savant, il accentue d'un ferme crayon des formes qui se distinguent par la vigueur et par l'élégance; il jette hardiment les draperies. Le carton de la *Tour de Babel*, vaste composition que la gravure a reproduite, nous semble résumer toutes les remarquables qualités de M. Kaulbach. Dans cette page pourtant, malgré son caractère d'incontestable grandeur, le peintre est surtout historien ou poëte, poëte panthéiste a-t-on dit, et l'on n'y sent point le vrai souffle biblique. M. Kaulbach est généralement moins heureux, il est inférieur dans les expressions. Les quatre pendentifs dans lesquels s'encadre la *Tour de Babel*, cartons des peintures de l'artiste dans l'escalier du Musée de Berlin, en sont la preuve. Ils représentent l'*Histoire*, la *Tradition*, *Solon*, *Moïse*. Dans ces quatre figures, bien posées d'ailleurs, et qui nous offrent dans l'ensemble de belles études de nu et de draperies, les têtes nous semblent assez peu réussies. L'Histoire, à laquelle sans doute l'artiste voulait donner un visage impassible comme celui du Destin, ne nous présente qu'un insignifiant profil, sans poésie et sans majesté. Nous ne ferons pas ce reproche à la Tradition ; celle-ci est plus que caractérisée : la fixité de ses yeux noirs et farouches, ses traits carrés, surtout ses lèvres épaisses, la font ressembler à une négresse ! Mais sur ce front aplati comme dans les yeux d'ailleurs peu d'intelligence. Le Solon est superbement posé et drapé ; mais lui, législateur, dont l'âme sereine doit rayonner dans le calme du visage, comment a-t-il, en se penchant sur son livre, de ces regards étranges qui ressemblent à l'égarement de la folie ? La tête du Moïse, hautaine et vulgaire à la fois, et qui se tourne vers les violateurs de la loi avec l'air de la menace, exprime énergiquement la colère, mais la colère d'un homme et non celle du prophète, dont le visage transfiguré foudroyait les coupables par de tels éclairs. Il est malheureux que M. Kaulbach, avec une si belle intelligence, ne comprenne pas tout ce qu'il perd à se séparer de l'École chrétienne, et peut-être, par une aberration de l'orgueil, à s'oublier envers elle jusqu'au dédain. Dans les sujets d'un ordre supérieur, et non pas seulement religieux, l'expression vraie ; ces inspirations tout à fait sublimes dont s'illumine l'œuvre de l'artiste, lui font souvent défaut, parce qu'il lui manque la conviction, la sainte lumière que rien ne remplace. M. Kaulbach, sans doute, n'en est plus à ces imaginations impies et licencieuses qui ont déshonoré ses débuts par les illustrations d'un détestable poëme; il semble aujourd'hui tourmenté de la noble ambition de traiter les grands sujets; mais le passé, qu'il ne répudie qu'à demi, pèse encore sur lui en fardeau gênant. La Poésie, qu'il a roulée dans la fange et n'a pas su purifier à la source céleste, lui garde toujours un peu rancune.... Les récentes illustrations de Macbeth, dont les compositions sont si dramatiques, l'exécution si savante, semblent témoigner de ce combat intime et prouvent aussi les efforts de l'artiste pour atteindre à l'expression véritable. Mais, nous le répétons en terminant, combien son génie, appesanti dans son vol, ne gagnerait-il pas à se sentir soulevé par la Muse chrétienne !

Notre estime et notre admiration pour l'École Allemande ne nous aveuglent point jusqu'à nous faire illusion sur ses défauts, d'ailleurs singulièrement exagérés par la critique. Sans lui contester, hormis ces gens de parti avec lesquels on ne discute pas, sans lui contester précisément le grand art de la composition, les belles et touchantes expressions, comme l'habile maniement d'un crayon savant, les aristarques, même bienveillants, se plaignent chez elle de quelque roideur, et qu'exclusive, en s'inspirant des maîtres primitifs, elle ne reproduise pas seulement leurs qualités. Nous ne dirons pas que ces reproches soient toujours mal fondés! On se récrie plus haut encore sur la manière de peindre des Allemands, sur leur touche tantôt mesquine et tantôt rude, sur leur coloris, dit-on, faux, déplaisant, ou bien aride à la façon d'un camaïeu. Dans ces critiques, excessives quand on les généralise, nous ne contestons pas qu'il y ait du vrai pour certaines peintures murales des maîtres eux-mêmes. Mais ces côtés défectueux de leurs œuvres, et très-regrettables assurément, doivent-ils empêcher d'y reconnaître les grandes qualités par lesquelles elles se recommandent? Le coloris de l'École Allemande un peu calomnié, croyons-nous, tend au reste à s'améliorer, et il faut le dire, les tableaux envoyés par elle à l'Exposition universelle ne semblent pas justifier toutes les sévérités d'une critique prévenue sans doute. Plus d'un amateur qui ne connaissait l'Art allemand que par les ouï-dire, a été agréablement surpris par quelques-unes de ces toiles. Sûrement on n'en est point à reprocher aux artistes les prodigalités d'une trop riche palette; l'œil ici n'est point flatté par la facilité de la touche, ébloui par le luxe du coloris vénitien; mais la couleur de MM. Muller et Ittenbach est très-suffisante pour les sujets qu'ils traitent surtout. Disons plus : elle charme par une fraîcheur virginale qu'il est trop rare de rencontrer dans les tableaux modernes. Il y a dans cette belle et tranquille peinture une simplicité d'exécution en même temps qu'une sérénité qui annonce bien le recueillement d'une âme toute chrétienne pour laquelle le travail n'est que l'effusion de la prière. Quelle onction dans cette *Eucharistie* de Muller! Quelle divine majesté dans la tête du Sauveur! Comme la foi rayonne sur le visage des Apôtres! Et dans ces *Vierges,* quelle grâce céleste! Quel caractère à la fois saint et suave! Elles sont bien la *Vierge des Vierges, Virgo Virginum,* la Mère divine, *Mater divinæ Gratiæ,* telles que la piété les rêve, et non point de ces madones belles d'une beauté tout humaine et souvent profane! La sublimité des types et les expressions vraiment idéales, avec le grand art de la composition, voilà le triomphe des Allemands, auxquels d'ailleurs on peut reprocher, comme je ne l'ai pas dissimulé, parfois la timidité de la touche, un faire pénible, une peinture comme tendue ou qui incline au léché. On n'y sent pas assez la grâce d'un pinceau moelleux, ou, comme on dit à Venise, la *morbidezza,* admirable mot que notre langue envie à la langue italienne. Mais ce sont là des défauts relativement légers; une pratique persévérante, l'étude de la nature, qu'il ne faut jamais cesser de consulter, malgré la science acquise, moins d'absolu dans le système les feront peu à peu disparaître; les Allemands possèdent déjà ce qu'on n'acquiert pas. Et certes, à beaucoup de nos peintres dont nous ne contestons pas la supériorité dans les artifices de l'exécution, nous souhaiterions les autres qualités plus précieuses, aux dépens même de celles dont ils tirent si grande vanité et qui leur font regarder de haut les artistes de Dusseldorf et de Munich. Nous ne sommes pas seul de cet avis, car de nombreux amateurs se sont fait concurrence pour les tableaux de M. Muller en particulier, et ils ont attiré l'attention d'un auguste visiteur, de l'Empereur, qui a exprimé son désir de les garder. Le choix de Sa Majesté s'est également arrêté sur les délicieux tableaux de genre de Meyer, touchés d'un pinceau si délicat et qui nous semblent trahir les tendresses d'un cœur paternel. Rien de plus sympathique que ces aimables peintures qui, avec celles de Meyerheim, nous montrent, dans leur naïveté charmante, toute la bonhomie des types et des mœurs patriarcales de la vieille Allemagne. Sous ce rapport nous les préférons aux chefs-d'œuvre humoristiques de l'École Anglaise qui nous attristent, malgré des merveilles de talent, par je ne sais quoi d'ironique et d'amer sous les plus séduisantes apparences.

Les défauts au reste que nous ne craignons pas de reconnaître chez les peintres allemands n'entachent que peu ou point leurs dessins, témoin tous ceux d'Overbeck; ces défauts aussi disparaissent dans la gravure qui, savante interprète de l'œuvre des maîtres, se plaît à faire ressortir leurs admirables qualités, en glissant, même sans infidél té, sur le reste. La gravure, qui compte aujourd'hui en Allemagne des artistes comme Joseph Keller, Mandel, Steifensand, François Keller, Ludy, Stang, etc., est en voie d'immenses progrès, grâce surtout à la *Société de Dusseldorf*, instituée pour la propagation des BONNES IMAGES RELIGIEUSES et qui a si bien mérité de l'Art et de la Religion. La persévérance de son zèle et de son dévouement, à travers mille obstacles depuis douze ans, vient d'avoir sa récompense dans le plus auguste des suffrages. Tout récemment sa sainteté Pie IX, par un bref, a félicité la Société et ses pieux membres (1) des services qu'ils ont rendus à la Religion en les remerciant à l'avance de ceux plus grands encore qu'ils sont appelés à rendre. « La Société, dit le bref, que nous sommes heureux de citer, poursuit un but des plus glorieux en faisant graver et publiant à très-bas prix de saintes images d'après les meil-

(1) Entre les plus dévoués, nous citerons M. l'abbé Beyrle, infatigable dans sa propagande pour l'œuvre; M. Deger, auquel on dut les premiers dessins ; M. Joseph Keller, corrigeant toutes les planches; M. Schulgen, qui surveille avec tant de sollicitude les impressions; M. Walbrhœl, chargé de la comptabilité et de la correspondance, travail immense et qu'il fait gratuitement, comme tous ses collègues, au reste, qu'honore un si généreux désintéressement.

leurs peintres afin d'exciter et d'enflammer de jour en jour dans les cœurs chrétiens, la piété, la foi et la pratique de toutes les vertus. »

Il faut applaudir avec d'autant plus d'empressement à l'heureuse pensée de l'Association qu'elle paraît le meilleur remède à ce fléau de l'industrialisme qui, surtout en France, sous prétexte de religion, s'est fait des lettres et des arts une exploitation lucrative dont les produits mercantiles tournent à la dérision des choses saintes comme à l'abaissement et à la ruine de l'Art. Chose déplorable ! Il existe, à Paris surtout, de trop nombreuses boutiques, où des manœuvres badigeonnent et barbouillent à deux francs le mètre ou dix sous l'heure, plus ou moins, de soi-disant tableaux religieux, qui sont un opprobre pour l'Art et un scandale pour la Religion; car ils l'exposent, par leur piteuse exécution, aux moqueries des indévots. Nous savons que lesdits fabricants se targuent du bon marché de leurs produits et que là vont s'approvisionner nos dignes prêtres de campagne appauvris par leur charité. Plus préoccupés de leur saint ministère que des questions d'art dont ils n'ont pu faire une étude spéciale, ils sont heureux et fiers, ne pouvant mieux d'ailleurs, de rapporter à leurs ouailles, pour la décoration de l'église, un tableau de six à huit pieds de haut dans son cadre doré, le tout au prix d'une modique somme de 150 ou 200 francs. Mais aussi quel cadre et quel tableau ! Nous avons tort peut-être, mais à ces pieuses caricatures, qui nous semblent insulter à l'Art et à la Religion, nous préférerions la nudité austère des murs blancs de l'église. Plût à Dieu du moins qu'à l'instar de l'Association de Dusseldorf, une Société pût se former, dans l'intérêt de la Religion et des artistes, pour mettre un terme à ces déplorables négoces, et ralliant à elle tant de jeunes talents, victimes de l'isolement, orner les églises, même les plus humbles, de peintures qu'on puisse regarder sans que les cheveux vous dressent sur la tête !

Il en est pour l'imagerie religieuse comme pour la peinture, c'est un commerce fort avantageux assurément à qui l'exerce, mais qui ne tourne pas toujours au profit de la Religion et de l'Art. Pour les grandes images le plus souvent ce sont de détestables gravures, absurdes copies ou ridicules originaux, qui nous montrent, à la grande jubilation des sceptiques, les personnages les plus vénérables, avec des types mignards, des formes et des accoutrements tout à fait invraisemblables, inouïs, grotesques. Maintes fois dans les églises de province, de Paris même, nous avons rencontré de ces *Chemins de croix*, devant lesquels comme chrétien et comme artiste nous passions humilié et indigné, presque tenté de décrocher le tableau pour le tourner contre le mur. Et c'est pis pour la petite imagerie. Qui n'a pas vu, aux vitres des boutiques, de ces images multicolores, enjolivées par toutes sortes de dentelles, guillochis et autres menues fanfreluches, au milieu desquelles, entre ces ornements parasites, s'encadre une figurine sans caractère et sans expression qui est censée représenter ou la Vierge Sainte, ou l'Enfant Jésus, ou quelqu'un de nos illustres Patrons ! La légende au bas nous l'assure. Que dire de toutes les autres puérilités de mode à cette heure, et qui, dans les pétales d'un lis qui s'entr'ouvre, sous le bouquet de roses, de pensées, de tulipes aux tons criards, que le doigt soulève, montre aux regards du curieux quelque image soi-disant pieuse, mais tout à fait informe dans sa petitesse microscopique! Qui dira le sourire dédaigneux de l'incrédule à la vue de ces joujoux à surprise qui peuvent amuser sans doute les petites filles, mais n'édifieront jamais sérieusement personne, et sont peu faits pour porter à la réflexion et à la componction!

Voilà ce que la Société de Dusseldorf a compris; aussi de toutes les gravures, petites ou grandes, qui sortent de ses ateliers, il en est peu que l'Art et la Religion ne puissent avouer également, et beaucoup, même parmi celles du moindre format, sont de gracieux chefs-d'œuvre; nous citerons entre autres, le *saint Bazile*, le *saint Joseph*, la *Présentation au Temple*, le *saint Charles Borromée*, le *saint Hubert*, etc. Dans ces toutes petites planches, on admire à la fois, avec les vives et pieuses expressions, un dessin savant, une composition heureuse en même temps qu'une taille délicate et ferme qui fait honneur au burin du graveur. La Société sait très-bien que, dans l'état des esprits, avec les préjugés enracinés du public et sa passion du joli, il faut des merveilles d'art pour arriver à faire une concurrence sérieuse aux agréments, dentelles et couleurs voyantes de toutes ces gentillesses si séduisantes pour le mauvais goût. Ajoutons qu'il faut l'appât du bon marché pour tenter l'acheteur et le décider à considérer des gravures dont l'austère simplicité l'effarouche au premier abord. Mais si vraiment il a dans le cœur la conviction religieuse, vive et profonde, il prend vite goût à ces images qui *prient si bien*, disent les bonnes gens, et alors l'enfant même, la pauvre femme du peuple ou l'artisan illettré n'en *veut plus d'autres*. Plusieurs ecclésiastiques nous ont affirmé avoir fait plusieurs fois cette expérience.

Honneur donc à l'École Allemande, honneur à ces pieux artistes qui témoignent à l'envi de leur reconnaissance pour la Religion sainte à laquelle ils doivent surtout leur talent et qui moissonnent largement à son profit dans le champ fécondé par elle! Honneur à cet Art spiritualiste et chrétien qui se fait l'un des fervents auxiliaires de l'Église dans ce sublime effort par lequel elle travaille en ce moment à reconstituer l'Europe, c'est-à-dire le monde, dans cette glorieuse unité qu'entrevoyait, il y a cinquant ans, le regard prophétique de De Maistre ! Grand, magnifique, consolant spectacle que celui auquel nous assistons ! Au Nord, une Croisa e véritable, sous quelque nom qu'on la déguise, entraîne contre le schisme et la barbarie des légions de héros dont beaucoup nous rappellent, par la fermeté de leur foi comme par leurs mâles vertus, les plus illustres chevaliers des anciens jours. Et partout ailleurs en Europe, l'Église, soit qu'elle triomphe libre et radieuse, soit qu'elle lutte contre l'oppression, l'Église reprend une vigoureuse offensive, ici contre le rationalisme et le philosophisme, là contre le protestantisme dont les rages désespérées, semblables aux convulsions de l'agonie, attestent qu'il se sent de plus en plus frappé au cœur. Voyez en Angleterre, voyez en Allemagne. Or, dans l'un et l'autre pays l'Art est devenu comme la science un actif et puissant instrument de propagande. Les gravures si catholiques d'Overbeck sont recherchées avidement, au delà du détroit, par les classes élevées surtout chez lesquelles existe le goût inné et éclairé des arts. Plus d'un amateur qui avait ouvert l'Album évangélique d'Overbeck, après s'être oublié de longues heures dans une contemplation silencieuse, le ferme avec des larmes dans les yeux, en se demandant si la Religion, qui donne à l'artiste converti de telles inspirations, peut n'être pas la Religion véritable. L'influence n'est pas moindre en Allemagne où les artistes catholiques ne font pas seulement admirer leurs tableaux, mais leurs vertus, mais l'élévation du caractère unie à celle du talent, la modération, le désintéressement, une noble émulation exempte de jalousie entre des rivaux qui sont comme des frères. Parfois même ils étonnent par l'héroïsme d'une abnégation qui ne recule pas devant le sacrifice pour éviter ne fût-ce que le soupçon de connivence avec l'erreur ou d'indifférence pour les croyances saintes auxquelles ils ont dévoué leur talent. Ainsi le professeur Veit quitte sans hésiter une brillante position plutôt que de paraître sanctionner par son silence l'achat du tableau de *Jean Hus*, par Lessing, œuvre d'un vigoureux talent, mais calomnie brutale, mensonge impudent, grossière insulte par laquelle le révolté veut diffamer l'Église.

CONCLUSION.

Maintenant quelques mots encore pour nous résumer. L'École Anglaise écartée, il ne reste plus que deux grandes Écoles sur lesquelles l'art paraît devoir, quant à présent, compter : d'un côté, l'École Française qui, au point de vue chrétien, ne se souvient pas assez de la tradition primitive et donne trop au travail de la main, de l'autre, l'École Allemande, qui témoigne de sa sympathie filiale pour les maîtres primitifs, avec lesquels sa parenté est visible, mais qui, s'absorbant volontiers dans les austères méditations, quoique ardente pour le but, semble parfois trop dédaigner les moyens. A notre avis, les deux Écoles ne pourraient que gagner à se rapprocher, tout en gardant leur originalité, à s'éclairer de conseils mutuels et profiter au besoin des communes expériences. Possible, glorieuse, utile nous paraît l'alliance entre l'esprit français vif, alerte, entreprenant, enthousiaste, mais aujourd'hui trop positif, trop occupé de sollicitudes prosaïques, comme collé à la terre, et le génie allemand, grave, méditatif, halluciné, par instants en quelque sorte, par ses rêveries sublimes, et se complaisant dans les plus hautes régions de la pensée, dans la contemplation du monde invisible, jusqu'à paraître même oublier les vulgaires, mais impérieuses nécessités des langages matériels par lesquels ici-bas la pensée se formule. Cette fraternelle alliance des deux Écoles, en concentrant plus directement leurs efforts vers le but qui est le même, dans l'Art religieux au moins, pourrait produire des miracles; elle concourrait plus puissamment encore à ce vaste mouvement qui emporte le monde vers l'unité. Oui, ce grand Dieu, pour parler comme Bossuet, qui remue aujourd'hui si terriblement le monde, et fait s'entrechoquer les empires, ne semble vouloir, par ces immenses ébranlements, que préparer à son Église un triomphe suprême et une ère inouïe de prospérités.

CATALOGUE.

MM. les Ecclésiastiques, les Rév. Supérieurs des Communautés religieuses, ainsi que MM. les amateurs, sont priés de vouloir nous adresser leurs demandes. Nous nous empresserons de donner tous les renseignements désirés. Après avoir soumis à N. S. Père le Pape *Pie IX* un exemplaire de nos petites gravures, Sa Sainteté a daigné honorer l'Œuvre de la propagation des bonnes gravures à Dusseldorf d'un *Bref spécial*. Cette récompense, venant de si haut, nous dispense d'ajouter à la recommandation de nos gravures.

Le Jury de l'Exposition universelle de 1855 a décerné à notre maison la médaille de 1re classe (argent).

SCHULGEN ET SCHWAN,

membres et représentants pour la France de la Société pour la propagation des bonnes gravures religieuses, à Dusseldorf.

CATALOGUE
DES OEUVRES
GRAVÉES
OU LITHOGRAPHIÉES

d'après les tableaux et dessins des maîtres.

ÉCOLE ALLEMANDE

Overbeck, Cornélius, Veit, Deger, Fuhrich, etc.

ÉCOLE FRANÇAISE | ÉCOLE ITALIENNE

Choix de Gravures d'après divers maîtres.

OUVRAGES DE FONDS ET DE DÉPOT

DE

SCHULGEN ET SCHWAN,

ÉDITEURS,

25, rue Saint-Sulpice, à Paris.

Maison spéciale pour les bonnes gravures religieuses de l'École Allemande et autres.

CATALOGUE

DE

SCHULGEN ET SCHWAN,

25, rue Saint-Sulpice, à Paris.

ÉCOLE ALLEMANDE.

Overbeck (Fr.).

QUARANTE COMPOSITIONS SUR LES ÉVANGILES

GRAVÉES PAR LES MEILLEURS ARTISTES DE DUSSELDORF,

Sous la direction de M. JOS. KELLER.

L'ouvrage complet se compose de 10 livraisons chacune de 4 superbes gravures grand in-4°, avec texte latin-allemand ou français-anglais.

Prix de la livraison,	papier	blanc.	8 fr.
—	—	—	de Chine.	12 fr.
—	—	—	blanc avant la lettre. . . .	16 fr.
—	—	—	de Chine avant la lettre. . .	24 fr.
—	—	—	épreuves d'artiste.	40 fr.

Les 40 planches de cette belle Collection se vendent aussi séparément à 2 fr. 50 c. sur papier blanc, savoir :

1. L'Annonciation (4e livr.).
2. La Visitation (1re livr.).
3. Jean est son nom (5e livr.).
4. La Nativité de N.-S. (6e livr.).
5. La Présentation de l'Enfant Jésus au Temple (2e livr.).
6. L'Adoration des Mages (10e livr.).
7. La Fuite en Egypte (5e livr.).

8. Le Massacre des Innocents (4e livr.).
9. L'Enfant Jésus dans l'atelier de saint Joseph (1re livr.).
10. Jésus au milieu des Docteurs dans le Temple (3e livr.).
11. Le Baptême de N.-S. (10e livr.).
12. Les Noces de Cana (5e livr.).
13. Jésus guérissant les malades (1re livr.).
14. La Vocation de saint Matthieu (4e livr.).
15. La Madeleine aux pieds de N.-S. (2e livr.).
16. Jésus prêchant dans une barque (6e livr.).
17. La Parabole de l'ivraie (7e livr.).
18. Jésus bénissant les enfants (4e livr.).
19. Jésus chez Marthe et Marie (3e livr.).
20. L'Enfant prodigue (8e livr.).
21. La Résurrection de Lazare (8e livr.).
22. L'Entrée de N.-S. à Jérusalem (7e livr.).
23. Jésus condamnant les Pharisiens (6e livr.).
24. Les Vierges sages et les Vierges folles (9e livr.).
25. Jésus lavant les pieds à ses Apôtres (7e livr.).
26. La Sainte-Cène (2e livr.).
27. Jésus au jardin des Olives (8e livr.).
28. N.-S. lié est amené devant le grand-prêtre (9e livr.).
29. Saint Pierre renie N.-S. (5e livr.).
30. Hérode et Pilate (3e livr.).
31. Acquittement de Barrabas (7e livr.).
32. La Flagellation de N.-S. (2e livr.).
33. Ecce Homo (1re livr.).
34. Le Portement de Croix (8e livr.).
35. Le Crucifiement de N.-S. (10e livr.).
36. La Mise au tombeau de N.-S. (10e livr.).
37. La Résurrection de N.-S. (6e livr.).
38. Jésus apparaît à Thomas (9e livr.).
39. N.-S. confie son troupeau à saint Pierre (5e livr.).
40. L'Ascension de Jésus-Christ (9e livr.).

(*Voir* à l'Introduction, page 46 du présent volume.)

Portefeuille magnifique, richement doré, servant de reliure pour l'ouvrage des *Évangiles*. Prix pour les exemplaires avec la lettre : 25 fr.

La Sainte-Vierge *et l'Enfant Jésus*, dit « *le Silence* » (Ego dilecto meo et dilectus meus mihi), superbe gravure au burin, par M. Steifensand; grand in-folio.

Papier blanc.	20 fr.
Papier de Chine.	30 fr.
Avant la lettre, le double.	

— La même, gravée par le même; in-4. 65 c.
— — in-8. 25 c.

Les douze Apôtres; 12 planches avec couverture, gravées par M. Bartoccini; in-folio, papier blanc. 20 fr.

Les quatre Évangélistes; sur deux feuilles, gravées par M. Jos. Keller; même format que *Les douze Apôtres*; papier de Chine. 12 fr.

La Jeunesse de N.-S., intérieur de Nazareth, en trois compartiments, gravée au trait par M. Costa, avec texte (poëme allemand de M. Overbeck) et couverture, in-4. 1 fr.

Saint Philippe de Néri et **le Moine priant**, deux eaux-fortes in-4, chacune de : 2 fr.

Ces deux planches sont les seules que M. Overbeck ait gravées de sa propre main ; les épreuves en sont rares.

Élie montant au ciel, gravé par M. Ruscheweyh ; in-4. 2 fr.

Élisée (le miracle du fer flottant), gravé par le même ; même format. 2 fr.

La femme vertueuse, gravée par le même ; même format. 2 fr.

Le repos dans la fuite en Egypte, gravé par le même ; même format. 2 fr.

— Le même, in-8. 25 c.

Ruth et Booz, gravé par le même, grand in-4. 3 fr.

L'Enfant Jésus *au milieu des Docteurs,* gravé par le même ; in-folio. 4 fr.

Le Portement de Croix, gravé par M. Pflugfelder ; in-folio. 15 fr.

Une des plus belles gravures dans la manière dite *allemande*, qui donne le *fac-simile* de l'admirable dessin au crayon appartenant à M. de Schadow.

La Sainte Famille, gravée par M. Felsing ; grand in-folio. 60 fr.

Magnifique gravure au burin.

— La même, in-4. 50 c.

Le Triomphe de la Religion *dans les arts,* gravé par M. Amsler, d'après le tableau original au Musée de Francfort ; grand in-folio. 100 fr.

Vaste et imposante composition, l'une des plus heureuses du grand artiste. Admirables expressions.

N.-S. porté au tombeau, gravé par M. Keller ; in-folio. 14 fr.

Le Christ portant sa Croix, gravé par M. Ludy ; in-4. 2 fr. 50 c.

Le Christ dans les nuages, gravé par M. Keller ; in-folio. 10 fr.

Moïse et les filles de Jethro *à la fontaine*, gravé par M. Gruner; in-folio. 16 fr.

Agar et Ismaël *dans le Désert*, gravé par le même; in-4. 6 fr.

Le bon Pasteur, gravé par le même; in-4. 3 fr.

La Pieta, gravée par le même, d'après le dessin en possession de Son Ém. M. le cardinal Wiseman; in-8. 5 fr.

Ces quatre dernières gravures sont rares.

Tobie et Anna, eau-forte de M. Wiegmann; in-4. 1 fr. 75 c.

La Récolte de la manne *dans le Désert*, eau-forte de M. Koch; petit in-folio. 4 fr.

N.-S. chez Marthe et Marie, eau-forte de Mme Ellenrieder; in-8. 3 fr.

Saint Matthieu, Chap. C., gravure au trait; in-8. 2 fr.

L'Enfant Jésus *balayant l'atelier de saint Joseph*, gravé par M. Ruscheweyh; in-4. 3 fr.

Saint Joseph travaillant, gravé par le même; in-8. 2 fr.

La Mort de saint Joseph, gravée par M. Steifensand; in-8. 1 fr. 50 c.

Les six dernières gravures sont très-rares.

La Résurrection du fils à Naïn, lithographie grand in-folio. 15 fr.

La Résurrection de la fille de Jaïre, lithographie même format. 15 fr.

N.-S. bénissant les enfants, lithogr. même format. 15 fr.

Saint Jean prêchant dans le Désert, lithographie même format. 15 fr.

Joseph vendu par ses Frères, lithogr. même format. 15 fr.

La Résurrection de Lazare, lithogr. même format. 15 fr.

N.-S. avec ses Disciples *chez Marthe et Marie* (*Unum est necessarium*), lithographie grand in-folio. 8 fr.

Cette feuille est rare.

L'Indulgence de saint François d'Assise, lithographie grand in-folio. 15 fr.

L'Enfant Jésus *au milieu des Docteurs*, lithogr. même format. fr.

L'Annonciation *et la Visitation*, lithographiées sur une feuille in-folio. 6 fr.

La Sainte-Vierge *et l'Enfant Jésus* (la première cassant un lis), lithographie in-folio. 3 fr.

Joseph et la femme de Putiphar, lithogr. in-folio. 5 fr.

Les deux dernières feuilles sont rares.

Le Mariage de la Sainte-Vierge, lithogr. in-folio. 9 fr.

La Pêche miraculeuse, lithographie.

L'Entrée de N.-S. à Jérusalem, lithogr.

N.-S. au Jardin des Olives, lithogr.

Les trois dernières feuilles manquent.

Sujets non religieux du même artiste.

Sofronio et Olindo (Tasse), gravé par M. Krueger; grand in-folio. 16 fr.

Les Années maigres, gravées par M. Barth; in-folio. 10 fr.

La Jerusalemma liberata, gravée par M. Caspar. 16 fr.

L'Italie et l'Allemagne, lithographie in-folio. 12 fr.

Illustrations du Tasse, 2 feuilles lithogr.

La plupart des compositions religieuses, sauf les quarante compositions des Evangiles et plusieurs autres, de M. Overbeck, ont été gravées en petit format (in-8, etc.). Ces gravures ont été copiées dans tous les pays et surtout en France, mais presque toujours très-maladroitement; dans ces copies, les figures si suaves de l'artiste ne sont plus que des caricatures, double injure faite au génie comme aux sujets augustes chers à la piété et dont il s'inspire si heureusement. Disons encore que, soit ignorance, inadvertance ou tout autre motif moins excusable, nombre de gravures religieuses portent la signature d'Overbeck, qui ne sont point dues à cet illustre crayon. Les vrais amateurs ne s'y trompent pas.

Cornélius (Pierre de).

Le Jugement dernier, gravé par M. Ansler; grand in-folio. 40 fr.

(*Voir* page 47 de l'Introduction.)

Joseph devant Pharaon *expliquant le Songe*, gravé par le même; in-folio. 16 fr.

Joseph reconnu par ses Frères, gravé par M. Hoffmann; in-folio. (Pendant du précédent.) 16 fr.

Le Campo-Santo; 11 gravures au trait représentant les fresques qui doivent être exécutées à Berlin; grand in-folio. 30 fr.

(*Voir* page 40 de l'Introduction.)

Les quatre Chevaliers de l'Apocalypse, gravé par M. Thaeter; in-folio. 16 fr.

David louant le Seigneur *avec Anges*, gravé par M. Rordorf; in-folio. 6 fr.

Le Crucifiement de N.-S., gravé par M. Merz; in-folio. 12 fr.

L'Adoration des Mages, gravée par le même; même format. (Pendant de la précédente.) 12 fr.

S. Jean, gravé par M. Thaeter; in-8. 1 fr. 50 c.

S. Luc, gravé par M. Schaeffer; in-8. 1 fr. 50 c.

La Mise au tombeau de N.-S., gravée au trait par M. Krueger; in-folio. 8 fr.

— La même, lithographie ombrée; in-folio. 7 fr.

La Création, lithographie in-folio. 6 fr.

Compositions non religieuses du même artiste.

Les Nibelungen. Grandes compositions sur un poëme allemand du moyen âge; 7 planches gravées par MM. Lips et Ritter; grand in-folio.

L'ouvrage complet. 55 fr.
Le frontispice à part. 16 fr.

Le Faust de GOETHE. Douze grandes compositions gravées par M. RUSCHEWEYH; grand in-folio. L'ouvrage complet. 75 fr.

— LE MÊME; 12 lithograph. au trait, grand in-4, relié. 15 fr.

Roméo et Juliette, gravé par M. SCHAEFFER; in-folio. 8 fr.

Illustrations du Tasse, 6 gravures au trait; in-folio, relié. 14 fr.

Illustrations du Dante (le Ciel; Béatrice faisant profession de foi, avec Saints), gravé par M. SCHAEFFER; in-folio. 9 fr.

Le Rêve d'Agamemnon, gravé par M. THAETER; in-folio. 10 fr.

Veit (Ph.).

L'Introduction des arts en Allemagne *par la Religion*; grande composition allégorique, gravée par M. SCHAEFFER, d'après la fresque à Francfort; in-folio. 20 fr.

L'Italie et l'Allemagne; deux figures formant les volets de la précédente gravure, gravées par le même; in-folio. Chaque 8 fr.

N.-S. et Thomas, gravés par le même; in-folio. 7 fr.

Le Christ frappant à la porte, gravé par RUSCHEWEYH; in-8. 2 fr.

Cette gravure est rare.

Les deux Maries *au tombeau de N.-S.* Lithographie grand in-folio. 12 fr.

— LA MÊME, gravure grand in-4. 4 fr.

— LA MÊME, gravure in-4. 50 c.

L'Immaculée Conception *de la Sainte-Vierge*, d'après le tableau dans l'église de Trinita di Monte, à Rome; lithographie in-folio. 10 fr.

Siméon au Temple (Nunc dimittis servum tuum), lithographie in-folio. 14 fr.

Seigneur, ne nous quitte pas, *car la nuit tombe*, lithographie in-8. 2 fr.

Les deux dernières feuilles sont rares.

Sujet non religieux du même artiste.

Les Années grasses, gravées par M. MULLER. in-folio. 10 fr.

Cette belle composition forme pendant aux *Années maigres* de M. Overbeck.

Deger (Ernest).

La Reine des Cieux, gravée par M. KELLER, grand in-folio. 25 fr.

— LA MÊME, même gravure, épreuves au cachet noir. 20 fr.

— LA MÊME, grand in-4. 4 fr.

— LA MÊME, grand in-8. 1 fr. 25 c.

Cette belle composition a été multipliée à l'infini dans tous les pays.

Le Christ ressuscité, gravé par M. KELLER jeune; grand in-4. (Pendant de *la Reine des Cieux*, grand in-4.) 4 fr.

L'Enfant Jésus (date et dabitur vobis), gravée par M. STEIFENSAND; grand in-folio. 12 fr.

Composition gracieuse d'un heureux effet; superbe gravure.

La Madone et l'Enfant Jésus *dans les nuages*, gravés par M. KELLER jeune; in-folio. 5 fr.

Cette charmante gravure, dont la composition est tout originale, vient d'être publiée.

La Madone *et le divin Enfant* (dite *marchante*), gravés par M. MULLER, grand in-4. 2 fr.

Ave Maria (l'Annonciation), gravée par M. GLASER, in-folio. 12 fr.

La Sainte-Vierge *adorant N.-S.*, gravée par M. Caspar; in-folio. 16 fr.

Sainte Catherine, gravée par M. Mueller; in-4. 1 fr. 50 c.

La Madone *et l'Enfant Jésus qui bénit la terre*, gravés par M. Stang; in-folio. 4 fr.

Cette belle gravure a été donnée en prime par la Société de Dusseldorf.

La Madone *et l'Enfant Jésus* (dite *du mont Appolinaire*), gravés par M. Keller; grand in-folio (en voie d'exécution).

Fuhrich (Joseph).

Le chemin de la Croix, d'après les fresques à Vienne, gravé par M. Petrak; 14 feuilles in-folio; complet. 50 fr.

— Le même, gravé par le même; grand in-8. 4 fr. 50 c.

— Le même, d'après les fresques à Prague, gravé par M. Zelisko; 14 feuilles in-folio; complet. 16 fr.

— Le même, gravé par le même; in-8. 3 fr.

(*Voir* à l'Introduction, page 54.)

Les Vierges sages *et les Vierges folles*, gravées par M. Leudner; in-folio. 7 fr.

Le Triomphe de N.-S.; 11 feuilles gravées par l'artiste même à l'eau-forte; in-folio complet relié. 25 fr.

Compositions admirables par la majesté du style comme par la fermeté de l'exécution.

La Vie de sainte Geneviève *de Brabant*. 15 feuilles, eaux-fortes de M. Fuhrich; in-folio avec texte complet. 25 fr.

Les Mystères du saint Rosaire; 15 lithographies au trait de M. Fuhrich, avec texte in-4. 8 fr.

L'Incarnation de N.-S. Lithographie grand in-folio. 16 fr.

La Pieta, gravée par M. Petrak; grand in-4. 4 fr.

Le Songe de saint Joseph, gravé par le même; in-4. 3 fr.

Le Christ dans les nuages et la **Sainte-Vierge,** deux feuilles formant pendants, gravés par M. Lechleitner; in-4. Chacune de : 2 fr. 50

La Sainte Vierge et saint Joseph *allant vers Bethléhem*, gravé par M. Beyer; in-folio. 20 fr.

Saint Joseph *et l'Enfant Jésus*, gravés par le même; in-folio. 4 fr.

La Sainte Famille, gravée par M. Petrak; in-4. 2 fr.

La première Confirmation *des apôtres saint Jean et saint Pierre, à Samarie*, gravée par M. Zitok; grand in-folio avec texte. 14 fr.

Une œuvre grandiose et qui saisit par l'onction et les expressions sublimes. Superbe gravure.

L'Illustration du Pater; 9 feuilles gravées à l'eau-forte par M. Fuhrich; in-4 avec texte (en voie d'exécution).

— Le même, grand in-8, 9 planches. 2 fr. 25

Le Bon Pasteur, gravé par M. Keller jeune; in-8. 25 c.

Noël et Pâques; deux lithographies formant pendant; in-folio. Chacune de : 3 fr.

N.-S. allant avec ses Apôtres au Jardin des Olives, lithographie in-folio. 8 fr.

Ruth et Booz, lithographie, même format. 8 fr.

Sainte Gudule, lithographie, même format. 8 fr.

Sainte Philomène, lithographie, même format. 8 fr.

Hess (Henri).

La collection de la chapelle de tous les Saints, d'après les fresques dans la chapelle de la maison royale à Munich. 43 lithographies grand in-folio représentant la Passion, les Évangélistes, la Madone au trône, les sept Sacrements, etc.; l'ouvrage complet. 240 fr.

Les lithographies séparées de cette belle Collection se vendent depuis 6 jusqu'à 14 fr.

La Madone *au trône,* gravée par M. Schleich ; in-folio. 4 fr.

Noël. (L'Enfant Jésus apporté du Ciel par des Anges), gravure à la manière noire ; in-folio. 8 fr.

Saint Boniface *partant de l'Angleterre pour l'Allemagne,* lithographie in-folio. 6 fr.

La Mort de saint Boniface, lithographie in-folio (pendant à la précédente). 6 fr.

Steinle (Édouard).

Le Bon Pasteur (Quod perierat requiram), gravé par M. Keller jeune; grand in-folio. 12 fr.

Le Christ dans sa gloire, *entouré des saints personnages qui représentent les huit béatitudes,* gravé par M. Kappes; in-folio. 6 fr.

Le Sacré-Cœur de Jésus (Vulnerasti cor meum), gravé par M. Ruscheweyh; grand in-4. 2 fr.

L'Immaculée Conception *de la Sainte-Vierge* (Pulchra ut luna, electa ut sol), gravée par le même; même format (pendant à la précédente). 2 fr.

Saint Nicolas de Flue, gravé par M. Keller jeune; in-4. 1 fr. 50

Les sept Œuvres de charité, gravées par M. Pflugfelder; une feuille in-folio. 6 fr.

La Vie de sainte Euphrosine, gravée par M. Schæffer; in-folio. 14 fr.

Six dessins *du Cœleste palmetum,* gravés par M. Keller; in-4. Premières épreuves sur chine, chacune de : 3 fr.

— Les mêmes, sur blanc, grand in-8. Chacune : 50 c.

Le Sacré-Cœur de Jésus (Év. s. Matth., II, 28), gravé par M. Otto; in-4. 50 c.

Pastor bonus animam suam *dat pro ovibus suis,* gravé par M. Keller; in-8. Premières épreuves. 65 c.

L'Enfant Jésus *sur la croix*, gravé par M. Keller jeune ; in-8. Premières épreuves. 1 fr. 25

Le Jugement de Salomon, gravé par M. Schæffer ; in-folio. 8 fr.

La Sibylle, eau-forte de M. Steinle ; in-8. 1 fr.

L'Indulgence de saint François, lithographie in-folio. 8 fr.

La Vie de sainte Marine *d'Égypte*, lithographie ; in-folio. 6 fr.

Le denier de César, lithographie grand in-folio. 12 fr.

L'Enfant Prodigue, lithographie in-folio. 6 fr.

La Résurrection de la fille de Jaïre, lithographie grand in-folio. 15 fr.

N.-S. Jésus-Christ au jardin des Olives, lithographie in-folio. 8 fr.

Saint Léopold *avec Anges*, lithographie in-folio. 5 fr.

Jésus prêchant sur la montagne, lithographie grand in-folio. 18 fr.

Saint George à cheval, lithographie in-folio. 10 fr.

Les trois Mages *approchant de Bethléhem*, lithographie in-folio, imprimée à deux teintes. 12 fr.

Saint Luc *peignant la Sainte-Vierge*, lithographie in-folio. 8 fr.

Quelques-unes des compositions non religieuses du même artiste.

Le Récit de la légende, lithographie in-folio, à deux teintes. 12 fr.

Les œufs de Pâques, lithographie même format, à deux teintes. 12 fr.

Jeanne d'Arc *à cheval*, lithographie in-folio, à deux teintes. 6 fr.

DIFFÉRENTS ARTISTES.

Bendemann (Ed.). Les Juifs à Babylone, lithographie in-folio. 12 fr.

— Le prophète Jérémie sur les ruines de Jérusalem, lithographie in-folio. 12 fr.

— L'aller à la messe, gravé par M. Oelschig; in-4. 3 fr.

Ellenrieder (Mme). L'Ange de la Douleur portant les larmes des souffrants au ciel, gravé par M. Schuler; in-folio. 5 fr.

Frank. Le Bon Pasteur tirant la brebis des épines, gravé par M. Schleich; in-4. 3 fr. 50 c.

Heinemann. N.-S. et saint Pierre sur l'eau (Pourquoi as-tu douté, homme de peu de foi?), gravés par M. Allgeyer; in-folio. 12 fr.

Ittenbach (Fr.). Sainte Élisabeth (le Miracle des Roses), gravée par M. Rordorf; in-folio. 7 fr.

— L'Immaculée Conception de la Sainte-Vierge, gravée par M. Stang; in-4. 65 c.

— La même, gravée par le même; in-8. 25 c.

Koehler (Ch.). Agar et Ismaël dans le Désert, gravés par M. Felsing; in-folio. 25 fr.

— Mirjam, sœur de Moïse, louant le Seigneur, gravée par M. Steifensand; in-folio. 30 fr.

— Moïse exposé sur le Nil, gravé par M. Felsing; in-folio. (Pendant de la précédente). 30 fr.

— L'enfant Moïse trouvé par la fille de Pharaon, lithographie, in-folio. 16 fr.

Kupelwieser. Saint Grégoire le Grand, gravé par M. Petrak; in-folio. 2 fr. 50 c.

Lochner. Saint Joseph et l'Enfant Jésus, gravés par M. Fleischmann; in-folio. 10 fr.

Pendant de la *Sainte-Vierge* de Schraudolph.

Mintrop (Théod.). L'Enfant Jésus sur l'agneau avec saint Jean et Anges. (*Lætentur cœli et exultet terra ante faciem Domini quoniam venit.*) Gravé par M. Lody; in-folio. 6 fr.

Mintrop (Théod.). Les Enfants Jésus et saint Jean en repos sous des palmiers, avec Anges faisant de la musique, gravés par le même; même format. 6 fr.

Ces deux compositions, formant pendants, naïves et suaves à la fois (*voir* à l'Introduction, page 55).

Mucke (H.). Sainte Catherine d'Alexandrie portée par des Anges, gravée par M. Felsing; in-folio. 30 fr.

— La même, lithographie, in-folio. 12 fr.

— Les Anges de Noël, lithographie, in-folio. 18 fr.

— Le Christ au repos, gravé par M. Schleich; in-4. 2 fr.

Muller (Ch.). La Sainte-Vierge et l'Enfant Jésus bénissant la terre, gravés par M. Steifensand; grand in-folio (en voie d'exécution).

Œsterley. La Fille de Jephté, gravée par M. Schuler, grand in-folio. 20 fr.

Rethel (Alfr.). Daniel dans la fosse aux lions, gravé par M. Steifensand; in-4. 1 fr. 50 c.

Schadow (G. de). La Pieta, gravée par M. Hoffmann; in-folio. 12 fr.

— Les Vierges sages et les Vierges folles, gravées par M. Keller; grand in-4. 8 fr.

Schraudolph (Luc.). La Sainte-Vierge et l'Enfant Jésus, gravés par M. Enzing Muller; in-folio. 10 fr.

Pendant du *saint Joseph* de Lochner.

— Ave Maria (l'Annonciation), gravée par M. Leudner; grand in-4. 3 fr.

M. Schraudolph, célèbre par ses magnifiques fresques dans la cathédrale de Spire, est un des artistes le plus gracieusement touchant de l'École Allemande.

Simonsen. Pêcheurs priant dans une barque, gravés par M. Bretschneider; grand in-folio. 16 fr.

Voir aussi *Ouvrages illustrés, collections,* etc.

SOCIÉTÉ

POUR

LA PROPAGATION DES BONNES GRAVURES RELIGIEUSES

FONDÉE A DUSSELDORF.

Nous croyons utile de compléter par quelques détails ce qui a été dit précédemment (*voir* page 63 de l'Introduction), sur cette chrétienne Association dont le but, on le sait, est tout désintéressé.

Il y a quatorze ans s'est formée à Dusseldorf, sous le patronage de Son·Em. Mgr. le cardinal de Geissel, archevêque de Cologne, une Société dont le dessein était de publier et de répandre des gravures religieuses conçues dans un esprit catholique et exécutées avec tout le soin qu'exigent des sujets aussi relevés.

Afin d'atteindre le but proposé, on fit choix de compositions des anciens maîtres, et l'on s'adressa en même temps à des peintres modernes, tels qu'*Overbeck* à Rome, *Veit* et *Steinle* à Francfort, *Settegast* à Coblence, *de Schadow*, *Deger*, *Andrée* et *Charles Muller* et *Ittenbach* à Dusseldorf. Tous ces artistes s'empressèrent d'offrir leur concours à la Société, et ils exécutèrent en effet plusieurs compositions qui lui furent exclusivement destinées.

On choisit la gravure sur acier comme la plus favorable, tant pour l'exécution que pour l'impression, d'un grand nombre d'exemplaires. C'était le seul moyen de répandre, grâce à leur prix tout à fait modique, ces images parmi le peuple.

Pendant les quatorze années qui se sont écoulées depuis sa fondation, la Société a eu la satisfaction de voir son œuvre accueillie avec un empressement extraordinaire, et des milliers de gravures ont été répandues par elle dans l'Allemagne tout entière.

Un certain nombre de souscripteurs se trouva aussi en France et en Belgique, mais une circonstance s'opposait à une plus grande extension de l'Œuvre dans ces pays : les images portaient des inscriptions en allemand, par conséquent inintelligibles pour la plupart des personnes à l'étranger.

Sur l'avis de plusieurs amis, le comité de la Société a donc décidé de remédier à cet inconvénient, et à partir de l'année 1845, les images ne portent plus que des inscriptions latines (soit le nom du saint ou un passage de l'Écriture-Sainte).

Chaque année il est gravé un certain nombre de nouveaux sujets, format in-8 ou in-18; ce dernier format permet de placer ces gravures dans les livres de prières.

Pour les conditions de la souscription annuelle comme pour le prospectus détaillé des gravures de petit et grand format déjà publiées depuis quatorze ans, s'adresser au *Dépôt central*, à Paris, chez MM. *Schulgen* et *Schwan*, 25, rue Saint-Sulpice.

TRADUCTION DU BREF

Dont N. Saint-Père PIE IX a daigné honorer l'Association de Dusseldorf.

« A nos chers fils qui dirigent en ce moment la Société de Dusseldorf pour la propagation des images pieuses

« PIE IX.

« Chers fils, salut et bénédiction apostolique. La lettre remplie de sentiments bien dévoués que vous Nous avez envoyée en date du 20 août l'année passée, Nous a été fort agréable, aussi l'avons-Nous reçue avec un bien grand plaisir. En effet, ce n'est pas avec une faible joie que Nous y avons vu que déjà, depuis douze ans, plusieurs catholiques avaient formé le très-salutaire projet d'ériger, en la ville de Dusseldorf, une Société dans le but de faire graver et de publier à très-bas prix de saintes images d'après les meilleurs peintres, afin d'exciter et d'enflammer davantage de jour en jour, dans les cœurs chrétiens, la foi et la pratique de toutes les vertus, et afin d'écarter d'eux les gravures indécentes, lesquelles, en propageant le mal, corrompent le cœur et l'esprit. Il Nous a été très-agréable d'apprendre par votre même lettre que votre Association, à l'aide de la grâce de Dieu, est parvenue à triompher heureusement d'un grand nombre d'obstacles, et que déjà un nombre presque innombrable de saintes images ont été propagées parmi les fidèles, non-seulement en Allemagne, mais encore en France, en Belgique, dans les îles Britanniques et dans les autres pays.

C'est pourquoi, chers fils, Nous vous en félicitons de tout Notre cœur, ainsi que tous les autres catholiques qui ont érigé cette Société, et qui, pour la maintenir, n'épargnent ni peine, ni sacrifice; Nous vous en louons à juste titre, souhaitant ardemment que cette Association s'étende et fleurisse journellement de plus en plus. Tout en vous présentant Nos remercîments bien mérités pour les exemplaires des saintes images que vous avez bien voulu Nous envoyer, Nous vous donnons, chers fils, de toute l'effusion de Notre cœur, comme témoignage de Notre affection paternelle et comme gage de tous les dons célestes, Notre bénédiction apostolique, et Nous l'accordons avec tendresse à tous les membres de cette même Société.

« Donné à Rome, à Saint-Pierre, le 4 janvier 1855, de Notre pontificat l'an neuvième. « PIE IX PAPE. »

ÉCOLE ALLEMANDE

(ANCIENNE).

Durer (Albrecht). Le Christ en croix, gravé par M. ENZING MULLER; in-folio. 8 fr.

— LE MÊME, lithographié, in-folio. 4 fr.

— Les quatre Évangélistes, gravés par M. REINDEL; in-fol. 20 fr.

Guillaume (le maître de Cologne). Le tableau de la cathédrale de Cologne (l'Adoration des Mages, sainte Ursule et saint Géréon, avec beaucoup d'autres personnages), gravé par M. MASSAU; grand in-folio. 80 fr.

Holbein (Hans). La Madone et l'Enfant Jésus, dit du Bourgmestre, gravée par M. STEINLA; grand in-folio. 60 fr.

Pendant du tableau de Raphael: *Madona di S. Sisto.*

Les gravures originales de DURER et celles sur bois de HOLBEIN sont rares et très-recherchées. MM. Schulgen et Schwan possèdent quelques-unes de ces belles feuilles, et très-souvent ils ont l'occasion d'en faire venir d'Allemagne. Les amateurs doivent seulement indiquer avec soin le sujet et le prix qu'ils ne voudraient pas dépasser.

ÉCOLE FRANÇAISE.

Chauvin. La Fuite en Égypte, lithographie, in-folio. 12 fr.

Grimaux. L'Ange gardien, lithographie, in-folio. 6 fr.

Hallez (L.). Gravures religieuses. Quatre compositions avec texte sous couverture in-4. 5 fr.

Scheffer (Ary). Les saintes Femmes au tombeau de N.-S., gravé par M. KELLER; in-folio. 20 fr.

— Le Christ pleurant sur Jérusalem, gravé par M. MANDEL; in-folio. 30 fr.

ÉCOLE ITALIENNE

(ANCIENNE).

Fra Angelico da Fiesole. Les fresques du couvent de Saint-Marc, 40 gravures grand in-4, avec texte italien, complet. 125 fr.

Les admirables fresques du couvent de Saint-Marc, l'œuvre capitale de FIÉSOLE, et qui attestent la fécondité comme la sublimité de son génie, ont été gravées sous l'habile direction de M. Perfetti, directeur de l'Académie de Florence; elles reproduisent excellemment l'inspiration des compositions originales. Cette importante publication honore grandement la *Société des Amis des Arts*, de Florence (*Società artistica in Firenze*), qui en a pris l'initiative à ses risques et périls.

— Le Couronnement de la Sainte-Vierge, d'après le tableau du Louvre, chromolithographie; grand in-folio. 50 fr.

— Plusieurs autres petites gravures d'après ce grand artiste si cher à l'Art chrétien.

Fra Bartolomeo della Porta. La Madone de la cathédrale de Lucca, gravée par M. JESI; grand in-folio. 35 fr.

Bellini. Le Sauveur du monde, gravé par M. PLAUER; in-folio. 10 fr.

Le Corrège. La Madone de Saint-Sébastien, gravée par M. Lefevre; in-folio. 20 fr.

— La Naissance de N.-S., gravée par le même; grand in-folio. 45 fr.

— La Madonna col divoto, gravée par M. Bettelini; grand in-folio. 50 fr.

— La Madonna della Scodella, gravée par M. Toschi, grand in-folio. 100 fr.

— La Madone et l'Enfant Jésus, dite *de Sæder*, gravés par M. Knolle; magnifique gravure in-folio. 15 fr.

Carlo Dolce. Sainte Cécile, gravée par M. Knolle; in-folio. 16 fr.

— Le Sauveur (sic Deus dilexit mundum), gravé par M. Otto; in-4. 1 fr. 50 c.

Le Dominiquin. Saint Jean Évangéliste, gravé par M. Muller; in-folio. 15 fr.

— S. Jean (Scribo ergo quod vidisti), gravé par M. Bettelini; grand in-folio. 26 fr.

Francesco Francia. L'Adoration des Mages, gravé par M. Glaser; grand in-folio. 35 fr.

— Mater castissima, gravée par M. Lecomte; in-fol. 16 fr.

Ginignano. La Sainte Famille, gravée par M. Garavaglia; in-folio. 12 fr.

C. Maratte. La Naissance de N.-S., gravée par M. Knolle; in-folio. 9 fr.

Palma le Vieux. La Madone et l'Enfant Jésus, saint Jean et sainte Catherine, gravés par M. Steinla; in-folio. 25 fr.

Perugin. La Mise au Tombeau, gravure à la manière noire; gr. in-folio. 20 fr.

— La Sainte-Vierge et l'Enfant Jésus avec Anges, d'après le tableau du Louvre, chromolithographie; in-folio. 25 fr.

Seb. del Plombo. Le Christ en Croix, gravé par M. Forster; in-folio. 9 fr.

Raphael d'Urbin. La Madonna di S. Sixto, gravée par M. Steinla, grand in-folio. (Pendant de la *Madone* de Holbein, du même graveur.) 60 fr.

Raphael d'Urbin. — LA MÊME, gravée par M. NORDENBERG; grand in-folio. 40 fr.

— LA MÊME, gravée par M. LUTZ; in-4. 5 fr.

— Le Couronnement de la Sainte-Vierge, gravé par M. STOLZEL; in-folio. 9 fr.

— La Madonna della Sedia, gravée par M. SCHAEFFER; grand in-folio. 50 fr.

— LA MÊME, gravée par M. ENZING MULLER; in-folio. 18 fr.

— LA MÊME, gravée par M. KRUCKENBERG; in-fol. 6 fr.

— Le Portement de Croix (Lo spasimo di Sicilia), gravé par M. TOSCHI (Pendant de la Descente de Croix de Volterre); gr. in-folio. 120 fr.

— La Sainte-Trinité, gravée par M. KELLER; grand in-folio. 40 fr.

— La Transfiguration de N.-S., gravée par R. et A. MORGHEN; grand in-folio. 78 fr.

— La Sainte Famille, gravée par M. ANDERLONI; grand in-folio. 65 fr.

— La Mise au Tombeau de N.-S., gravée par M. AMSLER; in-fol. 16 fr.

— La Madonna del Pesce, gravée par M. ENZING MULLER; in-fol. 16 fr.

— La Sainte Famille, gravée par MM. RICHOMME et DIEN; grand in-folio. 65 fr.

— La Vision d'Ézéchiel, gravée par M. EICHENS; in-folio. 16 fr.

— Ste Catherine, gravée par M. STEIFENSAND; in-4. 1 fr. 50 c.

— Le Mariage de la Sainte-Vierge, lithographie, in-folio. 10 fr.

Jules Romain. La Sainte Famille, gravée par M. HOFFMANN, in-folio. 16 fr.

André del Sarte. La *Madonna del Trono*, gravée par M. FELSING; in-folio. 18 fr.

Solimen. *Mater Dolorosa*, gravée par M. MULLER; in-folio. 13 fr.

Le Titien. Le Denier de César, gravé par M. KNOLLE; in-folio. 13 fr.

Daniel de Volterre. La Descente de Croix, gravée par M. Toschi (pendant du *Portement de Croix*, de Raphael); grand in-folio. 120 fr.

DIVERSES ÉCOLES.

Sujets d'histoire, de genre, etc.

COLLECTION POUR LES FAMILLES.

Les gravures et lithographies réunies sous ce titre sont de belles pages qui, par leur dimension, peuvent s'encadrer et orner agréablement un appartement ou un salon, qu'on ne veut pas remplir exclusivement de tableaux religieux. Ces gravures et lithographies, choisies avec soin et gravées de même par les premiers maitres, représentent de graves, touchantes ou poétiques scènes empruntées à l'histoire, à la vie de famille, et qui, parlant au cœur et à l'esprit, ne peuvent donner que de nobles inspirations. Le regard de l'adolescent honnête et de la jeune fille candide peut s'arrêter sur elles sans danger. La prudence des pères et mères de famille nous saura gré de cette Collection spéciale.

Bendemann. Les Filles à la fontaine, gravées par M. Felsing; in-folio. 25 fr.

Les bonnes épreuves de cette belle estampe sont rares.

Cogniet. Le Tintoret peignant sa fille morte, d'après le tableau au Musée de Bordeaux, gravé par M. Martinet; in-fol. 30 fr.

Gallait. Les derniers moments du comte d'Egmont, gravés par M. Martinet; in-folio. (Pendant de la précédente.) 30 fr.

Jordan. L'Examen des Matelots, gravé par M. Oelschig; in-fol. 12 fr.

— La Vieillesse heureuse, gravée par M. Nussen; in-folio. (Pendant de la précédente.) 12 fr.

Kaulbach. La Destruction de Jérusalem, gravée par M. Thaeter; grand in-folio. 90 fr.

— Groupe de Chrétiens, de la même composition, gravé par le même; in-folio. 13 fr.

— La Bataille des Huns, gravée par le même; in-folio. 16 fr.

Koehler. La Poésie, gravée par M. Felsing; in-folio. (Pendant de Steinbruck : *sainte Geneviève.*) 25 fr.

Meyer. Le petit Frère dormant, gravure à la manière noire; in-folio. 16 fr.

— Le Premier sourire, gravure à la manière noire; in-folio. (Pendant de la précédente.) 16 fr.

— La Visite du grand papa, lithographie, in-folio. (Pendant de Meyerheim : *Bonheur de famille.*) 12 fr.

— Dormez, mon enfant, dormez! gravure à la manière noire; grand in-folio. (Pendant de Meyerheim : les *Chats.*) 16 fr.

— L'Orphelin priant, gravure à la manière noire; grand in-4. 3 fr. 50 c.

— L'Enfant priant dans le berceau, lithographie, in-folio. (Pendant de Tidemand : la *Veuve.*) 6 fr.

Meyerheim. Les Chats (intérieur de famille), gravure à la manière noire; grand in-folio. 15 fr.

Pendant de Meyer : *Dormez.*

— Paysans allant à la messe, lithographie, grand in-folio. 16 fr.

— Le Bonheur de famille, lithographie, in-folio. 12 fr.

Pendant de Meyer : *Visite du grand papa.*

Rethel. Mort de Frédéric Barberousse en Palestine, gravée par M. Keller jeune; in-folio. (Pendant de Schrader : *Frédéric II.*) 20 fr.

Ruben. Ave Maria, lithographie in-folio. 10 fr.

Schnorr. L'Entrée de l'empereur Frédéric II à Milan, gravée par M. Thaeter; grand in-folio. 16 fr.

— L'Entrevue de l'empereur Frédéric II et du pape Alexandre III à Venise, gravée par le même; même format. 16 fr.

Pendant de la précédente.

— La Mort de Siegfried, gravée par le même; in-folio. 6 fr.

Schrader. Frédéric II et son chancelier Pierre de Vineis, gravé par M. Steifensand; in-folio. (Pendant de Rethel : *Mort de l'empereur Frédéric.*) 25 fr.

Schnez. La Première Communion, gravure à la manière noire; in-folio. 15 fr.

Steinbrück. Sainte Geneviève de Brabant, gravée par M. SCHAEFFER; in-folio. (Pendant de Kœhler : la *Poésie*.) 25 fr.

Tidemand. Les Pêcheurs Norwégiens, lithographie; grand in-folio à deux teintes. 16 fr.

— La Bienfaisance, lithographie, in-folio. 6 fr.

— La Veuve, lithographie, in-folio. (Pendant de Meyer : l'*Enfant priant.*)

OUVRAGES ILLUSTRÉS, COLLECTIONS, ALBUMS, etc.

Fr. Angelico da Fiesole. Collection des fresques du couvent de Saint-Marc (*voir* page 94 de ce Catalogue).

Album de Richter. Recueil des Illustrations de ce célèbre artiste, gravées sur bois; 2 forts vol. grand in-8, richement reliés. Complet. 30 fr.

Album de Goëthe, illustré par Richter, en livraisons, chacune environ de 8 gravures sur bois, imprimées à deux teintes, grand in-8. Chaque livraison. 1 fr. 75

Plusieurs autres ouvrages allemands illustrés par le même artiste.

Bendemann. *La Vie humaine*, d'après les fresques dans le château du roi à Dresde; 16 belles gravures in-folio, avec couverture. 30 fr.

Cantiques allemands (Christenfreude), avec illustrations de RICHTER, etc.; 3 livraisons in-8. Complet. 4 fr. 50

Catéchisme illustré, avec prières pour la messe, les vêpres, etc., par M. l'abbé LAMBERT; imprimé avec l'autorisation de Mgr l'Archevêque de Paris. Un beau vol. in-18, avec 17 gravures sur acier. 5 fr.

— LE MÊME, édition de luxe, avec 24 gravures et 24 chromolithographies. 30 fr.

Collection de la Société de Dusseldorf (*voir* page 91).

Collection des gravures in-8 de Regensburg (Ratisbonne); plus de 600 sujets différents (saints et compositions de l'Écriture sainte). Chaque gravure à : 25 c.

Collection des fresques *de la chapelle Saint-Georges, à Padoue*, d'après les maîtres GIOTTO, AVANZO, etc. 14 gravures et lithographies avec texte allemand et couverture; grand in-folio. 25 fr.

Collection des vitraux *dans l'église de Kildown, en Angleterre*, d'après les compositions de SCHRAUDOLPH, FISCHER, etc. 15 lithographies in-folio. 28 fr.

— LES MÊMES, coloriés avec soin à Munich. 56 fr.

Collection de gravures sur bois, d'après les meilleurs maîtres anciens de toutes les Écoles, en livraisons; chaque livraison, contenant 4 feuilles, avec texte; grand in-4. 14 fr.

Collection de photographies. La cathédrale de Cologne, la Vie de sainte Ursule d'après Hemling, les Vitraux anciens et modernes, etc.

Les prix varient selon la grandeur.

Cornelius. Collection du Campo-Santo (*voir* page 82).
— id. des Nibelungen (*voir* page 82).
— id. du Faust (*voir* page 83).
— Illustrations du Dante (*voir* page 83).
— — du Tasse (*voir* page 83).

Durer. Le livre d'heures de l'empereur Maximilien, copie exacte du manuscrit à Munich. Un beau volume grand in-4. 25 fr.

Fuhrich. Le Chemin de la Croix (*voir* page 85).
— Le Triomphe de Jésus-Christ (*voir* page 85).
— La Vie de sainte Geneviève (*voir* page 85).
— Les Mystères du Saint-Rosaire (*voir* page 85).
— Illustration du *Pater* (*voir* page 86).

Hess. Collection de la Chapelle de tous les Saints (*voir* page 86).

Images Catholiques *de Munich*, Première livraison; 24 compositions sur la Vie de N.-S. gravées sur bois; in-8 avec couverture. Complet. 1 fr. 50 c.

Kaulbach. Les fresques du nouveau musée à Berlin, gravées par les meilleurs artistes de Berlin. 24 planches grand in-folio, en 10 livraisons de 2 ou 3 gravures, avec texte. Le prix des livraisons est de : 38 fr. et 60 fr.

— L'Illustration du Skakespeare, première liv. MACBETH en 3 gravures grand in-folio avec texte. 48 fr.

Sur demande, on peut recevoir un prospectus détaillé de cette importante publication.

Livre d'heures d'après les manuscrits de la Bibliothèque impériale. Un chef-d'œuvre de Chromolithographie, magnifiquement relié dans le style du moyen âge; in-12. 100 fr.

Menzel. Histoire des beaux-arts depuis l'antiquité jusqu'à nos jours (en langue française), t. I, orné de 120 gravures sur acier; in-4. 25 fr.

Merkel. L'illustration des quatre Evangiles ; 24 compositions gravées sur bois. Beau volume richement relié; in-4. 20 fr.

— LE MÊME, reliure en relief. 25 fr.

Les Monuments de l'Art chrétien, *à Constantinople*, depuis le ve jusqu'au XIIe siècle, en 8 livraisons de 5 planches, chacune, avec texte allemand et couverture ; grand in-folio. Prix de la livraison : 30 fr.

Les Monuments de l'Art *en Allemagne* (Architecture, Sculpture et Peinture) depuis les siècles les plus reculés jusqu'à nos jours, recueillis par M. FOERSTER. L'ouvrage complet formera 300 livraisons de 2 planches chacune avec texte allemand et couverture ; in-4. Prix de la livraison : 2 fr. 75 c.

Overbeck. La Vie de Notre-Seigneur, en quarante compositions sur les Évangiles (*voir*, pour les détails, page 77 de ce Catalogue.)

— L'Album des douze Apôtres (*voir* page 78).

Raccolta della opere di Rafaello. Les principales compositions de RAPHAEL, gravées au trait ; 1 vol. in-folio. 40 fr.

Schnorr. Biblia Sacra illustrata. (L'illustration de la Bible, Ancien et Nouveau Testament), en 240 gravures sur bois, imprimées à deux teintes. Edition française avec texte en quatorze langues. L'ouvrage complet paraîtra en 24 livraisons de 10 gravures chacune, grand in-4. Prix de la livraison : 2 fr. 50 c.

(*Voir* page 56 de l'Introduction.)

Schnorr. — La même, édition allemande sur blanc, en 30 livraisons, chacune de 8 gravures, avec texte allemand seulement. Prix de la livraison : 1 fr. 50 c.

Schwind. Les sept œuvres de charité de sainte Élisabeth, sept gravures de M. Thaeter, dans un joli portefeuille, grand in-4. 14 fr.

Cette Collection, qui vient d'être publiée, est exécutée avec le plus grand soin.

Steinle. Collection des six gravures du *Cœleste palmetum* (*voir* page 87).

Gravures sur bois.

Rethel. La Danse des Morts en 1848, sept gravures sur bois, sur une feuille, avec texte grand in-folio. 75 c.

— Le même, les sept gravures détachées, avec couverture, in-4. Complet. 2 fr. 50 c.

— La Mort vengeresse et la Mort consolatrice, deux feuilles formant pendants, grand in-4, chacune de : 3 fr.

Voir aussi Ouvrages illustrés, etc.

Portraits.

M. le rév. P. de Ravignan, gravé par M. Martinet; grand in-4. 5 fr.

Sur chine avant la lettre. 10 fr.

Épreuve d'artiste. 20 fr.

Magnifique portrait d'une ressemblance frappante; petit chef-d'œuvre de gravure !

M. le rév. P. Lacordaire, gravé par M. Steifensand; in-folio. 9 fr.

M. de Cornélius, **M. Overbeck**, **M. Steinle**, gravures in-4, chaque : 50 c.

M. Görres (auteur de la *Mystique*), gravure grand in-4. 3 fr.

D'autres portraits encore dont nous croyons inutile de donner la liste, se trouvent dans nos portefeuilles.

TABLE ALPHABÉTIQUE

DES PEINTRES.

EXTRAIT

des PRÉCIS HISTORIQUES concernant la belle médaille de

L'IMMACULÉE CONCEPTION,

Dessinée par M. JOHN PHILP.

Une magnifique médaille de l'Immaculée Conception vient d'être frappée à Liége. Le sujet est tiré de l'office de cette fête. La médaille représente d'un côté la Très-Sainte-Vierge sur un globe écrasant la tête du serpent; elle tient dans sa main un lis (*lilium inter spinas quæ serpentis conterat caput*). Au-dessus de la tête est une étoile (*nova stella Jacob;* ou encore : *clara luce divina*); toute la figure est environnée de gloire (*solis hujus radiis Maria coruscat*). L'inscription suivante orne le contour : *Maria sine labe orig. concepta, ora pro nobis.* Sur le revers est le portrait du Saint-Père Pie IX, d'une ressemblance parfaite. Au-dessus de la tête du Saint-Père se trouve son écusson, et au-dessous du portrait la date *VIII Déc.* 1854. Autour du portrait on lit : *Pius IX Pontifex maximus, an. IX.*

Une lettre flatteuse a été adressée par Mgr l'Évêque de Liége à M. Philp, l'auteur de cette médaille. La *Gazette de Liége* fait précéder cette lettre des lignes suivantes :

« M. JOHN PHILP, qui consacre son beau talent d'artiste à la restauration de l'architecture et de l'Art chrétien, vient de faire frapper une médaille de l'Immaculée Conception, dans la forme des médailles du moyen âge. Cette œuvre d'art est remarquable par la pureté du dessin, l'élégance des formes, la beauté, la parfaite exécution des détails. Mgr l'Évêque de Liége, juste appréciateur du talent de M. JOHN PHILP, vient de lui adresser une lettre très-flatteuse que nous reproduisons avec plaisir :

« MONSIEUR,

« Je vous félicite bien sincèrement de la belle médaille que vous venez de frapper en l'honneur de la Très-Sainte-Vierge, pour rappeler le grand fait de la définition de son Immaculée Conception et offrir à la piété des fidèles une représentation allégorique de ce mystère. Vous avez su rendre cette pensée chrétienne avec un grand bonheur d'expression, et joindre au mérite de l'invention celui d'une exécution parfaite jusqu'en ses moindres détails. Le portrait de N. S. P. le Pape Pie IX, au dire des personnes qui ont eu le bonheur de contempler la face auguste de ce Pontife, est d'une ressemblance parfaite. En un mot, votre médaille est incontestablement la meilleure de toutes celles qui ont été produites à ce sujet, et je ne doute pas que le public ne partage mon appréciation.

« Recevez, Monsieur, l'assurance de mes sentiments très-distingués.

« Votre très-humble serviteur,

« (*Signé*) † THÉODORE, *Évêque de Liége.* »

Liége, le 14 mai 1855.

A M. JOHN PHILP, *rue Hors-Château, à Liége.*

DÉPOT CENTRAL :

Pour la France, chez MM. SCHULGEN et SCHWAN, 25, rue Saint-Sulpice, à Paris.

PARIS.— IMP. DE W. REMQUET ET Cie, RUE GARANCIÈRE, 5.

Ouvrages de M. Bathild Bouniol.

Le Soldat,

3e édition, augmentée de récits en prose. Vol. in-32.

« . . . Nous ne craignons pas de recommander à toute la sollicitude de nos lecteurs ce petit Recueil qu'on pourrait répandre fort utilement, non-seulement dans les rangs de l'armée, mais parmi les [illegible] des villes et des campagnes, car il renferme des leçons et des [illegible] que tous peuvent méditer avec fruit. »

([illegible])

Ma Croisade,

Ou les mœurs contemporaines, satires, 1 vol. de 300 pages. Prix . . . [illegible]

Citons quelques phrases d'articles sur cet ouvrage :

« . . . Indépendamment de son inspiration et de sa touche à pleine main, M. Bouniol a d'autres qualités encore qu'il nous est impossible de ne pas beaucoup honorer. Il a le regard et l'étreinte [illegible] poëte, avec cette heureuse idée d'une *Croisade* contre les mœurs, il a conçu son livre comme une épopée dont chaque satire serait un chant qui en varierait et en rappellerait l'unité. »

(BARBEY D'AUREVILLY, *Pays.*)

« . . . Ce n'est ni l'accent, ni la saillie, ni la verve, qui manquent à M. Bathild-Bouniol. . . Il y a chez lui une franchise d'honnête homme et de chrétien qui tempère l'âpreté générale du ton. . . Voltaire recommandait de frapper juste plutôt que de frapper fort ; M. Bouniol frappe fort et juste. »

(DE PONTMARTIN, *Assemblée nationale.*)

« . . . Jamais satire ne fut plus complète et ne descendit [illegible] dans les divers degrés des conditions humaines. Du reste, [illegible] satirique est un poëte chrétien ; sa verve se tempère de sa [illegible] enseignera la vie aux jeunes âmes, et si du succès de son livre le poëte ne sort pas plus redouté, il en sortira plus autorisé parmi les [illegible] les gens de bien. »

(E. THIERRY, *Moniteur du 10 juillet 1855.*)

La Joie du Foyer,

Almanach du Bon exemple pour 1856. Prix [illegible]

L'Univers (19 novembre), *l'Union* (23 id.), *le Moniteur* ([illegible] id.), *la Semaine religieuse* (2 décembre), *la Vérité* (4 id.), ont [illegible] recommandé cet almanach, qui est un vrai livre.

Imp. de W. REMQUET et Cie, r. Garancière, 5.

www.ingramcontent.com/pod-product-compliance
Ingram Content Group UK Ltd.
Pitfield, Milton Keynes, MK11 3LW, UK
UKHW020353230726
13925UKWH00003B/1099